Rana Hameed AL-Abboodi
Ayad A Al-Ani

Reconhecimento facial emocional baseado em Inteligência Artificial

Rana Hameed AL-Abboodi
Ayad A Al-Ani

Reconhecimento facial emocional baseado em Inteligência Artificial

ScienciaScripts

Imprint
Any brand names and product names mentioned in this book are subject to trademark, brand or patent protection and are trademarks or registered trademarks of their respective holders. The use of brand names, product names, common names, trade names, product descriptions etc. even without a particular marking in this work is in no way to be construed to mean that such names may be regarded as unrestricted in respect of trademark and brand protection legislation and could thus be used by anyone.

Cover image: www.ingimage.com

This book is a translation from the original published under ISBN 978-620-8-41769-7.

Publisher:
Sciencia Scripts
is a trademark of
Dodo Books Indian Ocean Ltd. and OmniScriptum S.R.L publishing group

120 High Road, East Finchley, London, N2 9ED, United Kingdom
Str. Armeneasca 28/1, office 1, Chisinau MD-2012, Republic of Moldova, Europe
Managing Directors: Ieva Konstantinova, Victoria Ursu
info@omniscriptum.com

Printed at: see last page
ISBN: 978-620-8-61882-7

Reconhecimento facial emocional baseado em Inteligência Artificial

Por
Rana Hameed Majeed

(Mestrado em Engenharia da Informação 2009)

Jumada AL-Awwal **1446**
novembro **2024**

RESUMO

As expressões faciais são cruciais na comunicação humana, e a sua análise desempenha um papel significativo em várias aplicações, como os cuidados de saúde, a segurança e a interação homem-computador. O principal desafio abordado neste trabalho é a queda significativa na precisão e eficiência dos métodos de reconhecimento de expressões faciais existentes quando se passa de ambientes controlados para ambientes não controlados. As abordagens tradicionais que funcionam bem em condições controladas têm dificuldades em ambientes não controlados devido ao aumento do ruído, à variabilidade da iluminação e a outros factores ambientais.

Esta dissertação apresenta uma nova abordagem para o reconhecimento de expressões faciais em ambientes da Internet das Coisas (IoT), aproveitando técnicas de aprendizagem profunda para melhorar a compreensão dos dados e a eficiência da aplicação. Além disso, estes métodos sofrem frequentemente de menor precisão e maior complexidade computacional, limitando ainda mais a sua aplicabilidade em tarefas de processamento de imagem em tempo real. Para superar esses desafios, o sistema proposto introduz uma Rede Neural Convolucional Profunda otimizada por Otimização de Enxame Galáctico (DCNN-GSO) para análise de expressão facial. A metodologia começa com uma fase de pré-processamento usando filtragem Gaussiana para reduzir o ruído e melhorar a qualidade da imagem. A extração de caraterísticas é realizada utilizando Spatial Temporal Interest Points (STIP), Histogram of Oriented Gradients (HOG) e Speeded-Up Robust Features (SURF) para captar de forma abrangente as pistas espaciais e temporais das expressões faciais. O modelo DCNN, optimizado com GSO, foi concebido para melhorar a precisão e a robustez da classificação das expressões faciais. O sistema proposto foi concebido para a múltipla de emoções faciais, abrangendo oito categorias: Feliz, Triste, Medo, Raiva, Surpresa, Nojinho, Normal e Neutro

É efectuada uma análise comparativa entre o método proposto optimizado por GSO e outras técnicas existentes, incluindo a Otimização por Enxame de Partículas (PSO), as Redes Neuronais Convolucionais tradicionais (CNN) e métodos híbridos como a Regressão Logística-Classificador CatBoost-CNN (LR-CBC-CNN) e Face+Máquina de Vectores de Suporte (Face+SVM). Os resultados demonstram que o método DCNN-GSO tem um desempenho significativamente superior a estes métodos. Embora os métodos baseados em PSO e as abordagens CNN apresentem uma exatidão razoável, o método DCNN-GSO atinge um desempenho superior com 94% de exatidão, 92,3% de precisão e 91% de recuperação, e um erro absoluto médio (MAE) notavelmente baixo de 3,46. O sistema prospetivo para 8 faces emocionais de classificação múltipla (feliz, triste, medo, raiva, surpresa, nojo, normal e neutro)

LISTA DE CONTEÚDOS

LISTA DE SÍMBOLOS

Symbols	Meaning
H(x,y)	The value of the Gaussian function at specific coordinates
σ	Standard deviation in the context of the Gaussian distribution
K_{bin}	Bin size in degrees for orientation histograms
λ	Eigenvalue representing the magnitude of variations in specific direction
D_N	Gray Level Co-Occurrence Matrix (GLCM),
σ_j	Standard deviation of GLCM
μ_j	Variance of GLCM
$Q_j(l)$	Personal best position of a particle in the GSO algorithm
H_j	Global best solution in the GSO algorithm
D	Acceleration constant
S	Random numbers for velocity update
b_{lk}	Weight matrix in a convolutional layer of a neural network
c	Bias term in the convolutional layer
e(g)	Activation function in neural networks
Z^k	Super-swarm formed by combining global bests
Iw	Inertia weight
f^{sp}	Original image in spatial domain
M^{sp}	Linear scale-space representation of the image
h^{sp}	Gaussian kernel
∇M	Gradient of the scale-space representation
σ_m^2	Variance for the Gaussian Kernel

LISTA DE ABREVIATURAS

Abbreviations	Meaning
ANN	Artificial Neural Network
CNN	Convolutional Neural Network
DBN	Deep Belief Network
DNN	Deep Neural Network
EATA	Efficient Attitude Tracking Algorithm
FAR	False Acceptance Rate
FN	False Negative
FP	False Positive
FRR	False Recognition Rate
GAN	Generative Adversarial Network
GLCM	Gray Level Co-Occurrence Matrix
GSO	Galactic Swarm Optimization
HOG	Histogram Oriented Gradient
ICA	Independent Component Analysis
ICP	Iterative Closest Point
IoT	Internet of Things
LAN	Local Area Network
LBP	Local Binary Pattern
LDA	Linear Discriminant Analysis
LFW	Labelled Faces in the Wild
LPQ	Local Phase Quantization
LPWAN	Low Power Wide Area Network

LSTM Long Short Term Memory

MAE Mean Absolute Error

MQTT Message Query Telemetry Transport

MTCNN Multi-task Convolutional Neural Network

NLP Natural Language Processing

PAN Personal Area Network

PCA Principal Component Analysis

PSO Particle Swarm Optimization

ResNet Residual Neural Network

RNN Recurrent Neural Network

SIFT Scale Invariant Feature Transform

SSL Secure Socket Layer

STIP Spatial Temporal Interest Point

SURF Speeded Up Robust Features

SVM Support Vector Machine

TLS Transport Layer Security

TN True Negative

TP True Positive

UDA Unsupervised Domain Adaptation

CAPÍTULO 1

INTRODUÇÃO E PESQUISA BIBLIOGRÁFICA

1.1 VISÃO GERAL

A Internet das Coisas é representada pelo acrónimo IoT. O controlo de acesso foi transformado pela IoT, a vigilância, as casas e cidades inteligentes, os sistemas de cuidados de saúde baseados na IoT e até o estacionamento e a condução automatizados. Através da utilização de sensores relacionados (como um sensor de temperatura para previsões meteorológicas), os dispositivos IoT recolhem várias formas de dados e divulgam informações ao público em geral. A IoT é uma rede autónoma de objectos físicos. É capaz de trocar dados entre si. A quantidade de sensores em corpos inteligentes e na IoT tem aumentado nos últimos anos [1]. A comunicação, a eletrónica, a informática e a engenharia estão incluídas na Internet das Coisas. Considera-se enganador referir-se aos objectos como "IoT" quando estes têm de ser individualmente endereçáveis e ligados a uma rede. A rede de área local (LAN)/rede de área pessoal (PAN), a rede de área alargada de baixo consumo (LPWAN), os protocolos de malha e as redes IoT são os quatro principais tipos de redes. Num paradigma de conceção de rede, são utilizadas tanto a LAN sem fios (WLAN) como a LAN. A construção de uma ligação segura e inteligente está a tornar-se cada vez mais crucial à medida que o número de LANs e WLANs aumenta [2]. Na maioria das vezes, a natureza dos dados é esparsa e heterogénea. Para aplicações em tempo real, o processamento de Big Data tem várias preocupações.

A comunicação e a ligação social dependem ambas do rosto humano. Estas são as razões pelas quais os seres humanos precisam de ser capazes de reconhecer rostos. Uma pessoa tem de ser capaz de identificar milhões de rostos durante a sua vida. Além disso, o reconhecimento facial é necessário para a comunicação entre humanos e computadores. Atualmente, o sector do entretenimento, da segurança e da vigilância utilizam-no amplamente. Os avanços nas tecnologias de reconhecimento facial facilitam e agilizam essas tarefas [3]. As duas subcategorias de reconhecimento facial são a identificação facial e a verificação facial. A verificação facial utiliza um método de correspondência 1:1 para determinar se duas imagens representam a mesma pessoa ou não. Identificação facial 1:N: este método seleciona a pessoa na imagem de entre todos os resultados possíveis. Durante muito tempo, as investigações criminais utilizaram o reconhecimento facial (FR), o controlo de acesso inteligente e a segurança pública. Nos últimos trinta anos, o FR tem sido o modo biométrico mais utilizado devido ao seu elevado grau de segurança, adaptabilidade robusta e método de interação inteligente sem contacto [4].

O facto de um número crescente de áreas estar a mudar para a biometria para sistemas de identificação seguros e fiáveis serve como prova de que a biometria merece maior atenção. Utilizando caraterísticas fisiológicas distinguíveis e difíceis de esquecer (como impressões digitais, íris, rostos e impressões palmares) ou caraterísticas comportamentais (como marcha, assinaturas e dactilografia), os sistemas biométricos oferecem um método preciso e automático de reconhecimento pessoal [5]. Existem várias aplicações para os sistemas de reconhecimento biométrico, incluindo cartões de identificação, edifícios, aeroportos e verificação de passaportes. Uma pessoa é reconhecida através da identificação biométrica utilizando as suas próprias caraterísticas fisiológicas e comportamentais distintivas. Este padrão é um sistema biométrico. A palavra "biometria" descreve a tecnologia que mede e examina a fisiologia ou o comportamento de um indivíduo. Devido à sua individualidade, estas caraterísticas podem ser utilizadas para confirmar ou identificar uma pessoa. Um sistema de correspondência típico tem duas fases: a fase de registo e a fase de reconhecimento. Para minimizar os requisitos de armazenamento, as caraterísticas que são concisas mas expressivas são extraídas em modelos durante o processo de registo por um extrator de caraterísticas que utiliza um sensor biométrico para digitalizar as caraterísticas do indivíduo.

Durante a fase de identificação, um scanner biométrico regista as caraterísticas de uma pessoa, que são formatadas digitalmente e extraídas por um extrator de caraterísticas. Estas caraterísticas são então comparadas com modelos armazenados. Se o comparador de caraterísticas determinar que as duas representações são suficientemente semelhantes, a identidade do indivíduo é confirmada. Uma biometria perfeita deve ser facilmente acessível, permanente, única e universal. Para que um sistema biométrico seja eficaz, deve ser fiável, aceitável para o público em geral e difícil de comprometer. A eficácia de um sistema biométrico é avaliada com base no seu custo, facilidade de utilização, segurança, rapidez, exatidão e armazenamento. Os sistemas biométricos podem por vezes ter problemas. Podem recusar o acesso a um utilizador verificado ou dar acesso a um fraudador [6].

Com base no grau de rigor ou de tolerância com que o sistema funciona, a taxa de falsas não correspondências e a taxa de falsas correspondências fornecem informações sobre a probabilidade de o sistema cometer estes erros. A correlação entre as variáveis é negativa. Quando um sistema se destina a funcionar com um elevado grau de precisão, mesmo a mais pequena perturbação (como pó ou iluminação inadequada) pode causar uma imprecisão no resultado [7]. As qualidades biométricas resolvem os problemas de segurança com os meios tradicionais de autenticação pessoal, como os sistemas baseados no conhecimento e em fichas, porque (normalmente) não são susceptíveis de perda, manipulação ou roubo. Para a identificação baseada no conhecimento, é necessário utilizar uma palavra-passe ou um PIN para confirmar a sua identidade. A utilização de biometria de múltiplas camadas e uma combinação de biometria e técnicas de autenticação tradicionais, como palavras-passe, fichas ou cartões inteligentes, são técnicas utilizadas para impedir transacções fraudulentas [8]. Um impostor pode esquecê-las ou adivinhá-las. Por conseguinte, a segurança oferecida por estas tecnologias tem de ser melhorada. A biometria é difícil de deslocar ou imitar em comparação com os métodos tradicionais, mas não é completamente imune à imitação ou fraude por vigaristas sofisticados.

Um sistema biométrico é utilizado em várias aplicações, nomeadamente forenses e civis comerciais. Estão a ser utilizadas ou foram investigadas numerosas técnicas biométricas, como a voz, a geometria das veias, a imagem facial, as abordagens baseadas nos olhos, a geometria da mão e a geometria dos dedos, combinadas com a leitura da palma da mão e das impressões digitais. Uma imagem facial pode degradar-se [9] por várias causas, incluindo contraste fraco, iluminação, desfocagem, aliasing efeitos, baixa resolução (LR), mascaramento induzido pela maquilhagem, oclusão, posição, expressão, humor, etc. As aplicações do mundo real, como a vigilância, utilizam frequentemente imagens de baixa resolução devido à grande distância entre a pessoa e a câmara, bem como à acessibilidade dos sistemas de imagem de baixa resolução para utilização nessas condições específicas [10].

Os algoritmos de FR mais recentes têm um fraco desempenho em cenários não controlados quando ocorre qualquer uma destas distorções, especialmente quando se combinam. A principal razão para este facto é que as amostras de treino (galeria) e de teste (sondas) têm aparências e distribuições de caraterísticas muito diferentes. Para produzir uma representação profunda das caraterísticas, cada imagem de teste é processada através das redes profundas depois de estas terem sido treinadas com grandes quantidades de dados, sob a orientação de uma função de perda adequada [11]. Quando avaliadas num sistema treinado com imagens de alta qualidade de fotografias de canecas na galeria, as circunstâncias degradadas motivam os investigadores de FR a resolver essas deficiências com essas imagens de sondagem. As suas distribuições de caraterísticas divergem em resultado da qualidade variável das sondas deterioradas e das amostras da galeria. Isto torna a Adaptação ao Domínio (AD) um caso especial de Aprendizagem por Transferência [11], em que as amostras da sonda e as amostras da galeria são retiradas de dois domínios distintos, designados por domínio de destino e domínio de origem, respetivamente. O principal obstáculo na AD é essencialmente a mudança de domínio entre os domínios de origem e de destino. Para ultrapassar este problema, na AD de conjunto fechado, em que as imagens de origem e de destino provêm do mesmo conjunto de grupos, são apresentadas algumas técnicas UDA que investigam espaços de caraterísticas invariantes do domínio, reduzindo determinadas métricas de discrepância do domínio, incluindo a perda adversarial e a perda estatística. Muitas aplicações de processamento de sinal incorporaram a aprendizagem profunda, uma potente abordagem de aprendizagem automática. A identificação de falantes, a identificação de imagens e a identificação de vídeos são algumas das utilizações.

Um método eficaz de aprendizagem automática que tem sido utilizado em várias aplicações de processamento de sinais é a aprendizagem profunda. O reconhecimento de vídeo, o reconhecimento de rostos e o reconhecimento de voz e de altifalantes estão entre as aplicações . Foi criada uma ferramenta que pode identificar rostos individuais e grupos de rostos em imagens e vídeos, devolvendo os nomes e as coordenadas rectangulares de cada rosto [12]. As arquitecturas de aprendizagem profunda (AP) surgiram muito rapidamente e parecem estar a superar as abordagens normais de aprendizagem automática em muitas questões diferentes. O Processamento de Linguagem Natural (PLN), a análise de imagens, a compreensão da linguagem, a tradução automática, a visão computacional, o processamento da fala, o reconhecimento de áudio, a imitação de estilos e a biologia computacional são alguns dos domínios em que os modelos de Aprendizagem Profunda (AP) superaram outros modelos [13]. Para aprender representações de dados com vários graus de abstração e realizar tarefas difíceis, a aprendizagem profunda implica o treino de modelos computacionais constituídos por várias camadas de processamento. Os algoritmos de aprendizagem profunda são utilizados em sistemas de classificação de imagens, uma vez que provaram ser eficientes para aplicações de processamento de imagens.

1.2 RECONHECIMENTO FACIAL

A forma mais comum de as pessoas se reconhecerem umas às outras é através dos seus rostos. Uma das melhores utilizações da análise e compreensão de imagens é o reconhecimento facial. A metodologia de reconhecimento facial consiste em duas tarefas básicas, nomeadamente a identificação e a verificação. A tecnologia informática e a inteligência artificial são utilizadas para criar o reconhecimento facial. Devido à sua invenção muito difícil e à vasta gama de potenciais aplicações, surgiu como o tema mais difícil nesta área. É essencial para proteger muitos estabelecimentos e garantir que os cibercriminosos sejam desencorajados de aceder, extrair ou apagar dados confidenciais, bem como de extrair dinheiro e registos [14]. A tecnologia biométrica mais frequentemente utilizada é o reconhecimento facial. É utilizada numa vasta gama de domínios, incluindo o entretenimento, a segurança da informação e a aplicação da lei. A disponibilidade de conjuntos de dados públicos despertou o interesse dos académicos pelo reconhecimento facial [15].

Um sistema pode ser utilizado para verificação facial, reconhecimento facial ou ambos. Enquanto a imagem do rosto de consulta é comparada com o rosto do modelo de identidade reivindicado na verificação, todas as fotografias de rostos na base de dados são comparadas com a imagem de consulta no reconhecimento facial para identificar o utilizador. O módulo de deteção de rostos do sistema de reconhecimento facial recebe a imagem de entrada ou o fotograma do vídeo e utiliza-os para identificar rostos na imagem. A fase seguinte consiste em normalizar os rostos reconhecidos, de modo a que fiquem centrados e à escala do mesmo tamanho, proporcionando assim uniformidade às imagens. Toda a sua base é a estrutura geométrica que existe entre as caraterísticas faciais ou, mais precisamente, os arranjos dimensionais em torno das caraterísticas faciais. Isto permite a colocação de previsões faciais, incluindo primeiro a boca, o nariz e os olhos [16]. O rosto é então rotulado com distâncias e ângulos geográficos, cujos pormenores são apresentados na Figura 1.1.

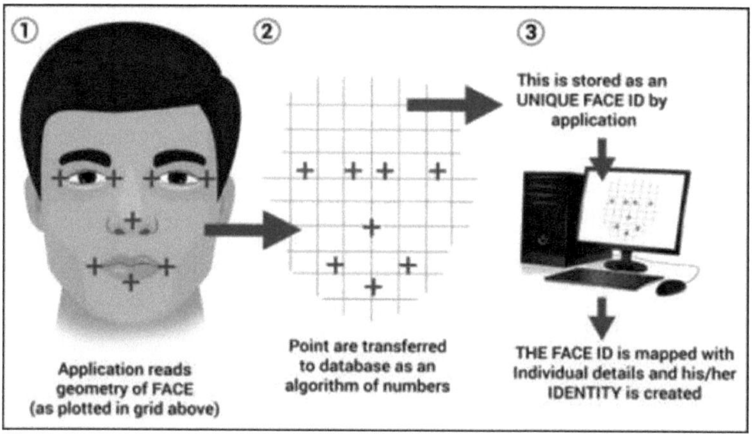

Figura 1.1: Sistemas de reconhecimento facial [16]

A Figura 1.1 representa o funcionamento do reconhecimento facial. Posteriormente, as caraterísticas são retiradas destas imagens alinhadas e contrastadas com as caraterísticas das imagens de rostos da base de dados. Um sistema de reconhecimento de faces tem muitos módulos, incluindo a deteção de faces, o alinhamento de faces, a extração de caraterísticas e a classificação. Encontrar a área da face na imagem adquirida é o primeiro passo do processo de reconhecimento de faces.

1.2.1 Sistema de reconhecimento facial

O sistema de reconhecimento facial desempenha um papel fundamental na identificação e verificação de indivíduos com base nas caraterísticas faciais. Esta tecnologia é essencial para uma monitorização segura e eficiente em vários ambientes. De seguida, apresentam-se os principais aspectos de um sistema de reconhecimento facial:

- O acompanhamento contínuo de um espaço e dos seus ocupantes, com ou sem a sua participação ativa, é possível através da videovigilância.
- O rosto humano é uma modalidade biométrica habitual nos sistemas de videovigilância, uma vez que constitui um sinal significativo para o reconhecimento de pessoas.
- Os sistemas de reconhecimento facial lidam com a extração de caraterísticas, correspondência de caraterísticas, identificação facial e deteção de vivacidade facial.
- Ao trabalhar com fotogramas de fluxos de vídeo em tempo real, um sistema de reconhecimento facial tem de ser resistente, rápido, preciso e independente de factores como a iluminação, a oclusão e a escala. O reconhecimento facial envolve duas fases: formação e avaliação.
- As caraterísticas faciais de cada utilizador que se registou e foi verificado são recuperadas e mantidas na base de dados como um repositório de caraterísticas faciais durante a fase de formação. Para o reconhecimento facial durante a fase de teste, as caraterísticas faciais são recuperadas e comparadas com as caraterísticas armazenadas.
- A s técnicas de identificação e autenticação tornaram-se tecnologias essenciais em muitos domínios, como o controlo de entradas em edifícios, o controlo de acesso a computadores em geral e a caixas automáticas em particular, actividades de rotina como levantamentos de contas bancárias e transacções postais, ou o

conhecido domínio da investigação criminal. No mundo atual, é imperativo manter a segurança e a organização. A biometria está a tornar-se mais popular como consequência da necessidade de uma identificação pessoal fiável no controlo de acesso informatizado.

- A utilização de uma caraterística física ou atributo pessoal para identificar ou validar automaticamente uma pessoa é conhecida como identificação biométrica. "Automaticamente" refere-se à capacidade do sistema de identificação biométrica para identificar ou autenticar uma caraterística pessoal de forma rápida e quase sem necessidade de intervenção humana. Os domínios da aplicação da lei e dos sistemas de segurança de alto nível são as aplicações previstas para a tecnologia biométrica. Além disso, a identificação automática precisa é necessária em várias utilizações não militares de cartas de condução, passaportes e caixas automáticas.

1.2.2 Fases de um sistema de reconhecimento facial

O sistema de reconhecimento facial consiste essencialmente em diferentes fases. A figura 1.2 representa as fases do sistema de reconhecimento facial:

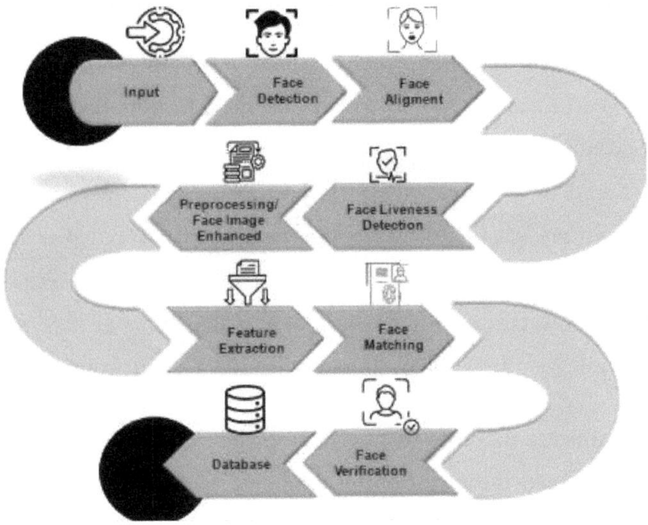

Figura 1.2: Etapas do sistema de reconhecimento facial [17]

A. Deteção de faces

A deteção de rostos está a ser utilizada num número crescente de domínios, em resultado dos avanços da ciência e da tecnologia. Exemplos destes sectores incluem a digitalização facial para verificação da identidade em aplicações, o desbloqueio facial de telemóveis, sistemas de monitorização de caixas automáticas de bancos e a nova tecnologia de escovagem facial da Alipay. A nova tecnologia de escovagem facial da Alipay envolve a deteção facial. Esta tecnologia permite que os utilizadores efectuem transacções ou acedam a serviços através da simples leitura do seu rosto, melhorando a comodidade e a segurança. Todos precisam de utilizar eficazmente o sistema de reconhecimento e deteção facial. A tecnologia de reconhecimento e identificação facial tem sido cada vez mais integrada na nossa vida quotidiana, com potencial para mais avanços tecnológicos. Para realizar uma pré-produção abrangente da cor da pele, é apresentada uma versão nova e melhorada do método AdaBoost para resolver o problema da complexidade da deteção causado pela complexidade do rosto, face lateral, rotação, expressão, oclusão, etc. As paisagens complexas são também extraídas graças à forte robustez do algoritmo Haar e ao papel de processamento e filtragem da informação geométrica [13].

A região de interesse (ROI) para o reconhecimento dos olhos é definida através da identificação da área do rosto da imagem de entrada. Na ROI reduzida para a localização dos olhos, são reconhecidas as localizações exactas dos olhos. Para usar o algoritmo de reconhecimento facial, as imagens faciais são alinhadas usando a localização dos olhos [18].

B. Alinhamento da face

A deteção de rostos é normalmente seguida do alinhamento de rostos, também conhecido como deteção de marcas faciais. Foi investigada a identificação fiável de caraterísticas importantes da face e o alinhamento muito preciso numa vasta gama de cenários em muitas bases de dados baseadas em fotogramas. É efectuado na face identificada para melhorar a localização e normalizar a face [6]. Para normalizar os atributos geométricos da imagem da face de entrada, como o seu tamanho e postura, são aplicadas a morfologia e a transformação geométrica. Encontrar os rostos das pessoas numa dada imagem é a primeira tarefa realizada pelo sistema de reconhecimento facial. O objetivo desta fase é descobrir se existem ou não rostos humanos na imagem fornecida. As variações de iluminação e expressão podem causar problemas no reconhecimento facial exato. O desenvolvimento subsequente do sistema de reconhecimento facial torna-se mais fácil e mais fiável com a utilização de técnicas de pré-processamento. A palavra arranjo sugere a aplicação de pré-processamento [19]. A imagem do rosto pode ser pré-tratada utilizando muitas abordagens para reduzir o impacto de potenciais factores de influência nos algoritmos de reconhecimento facial. O alinhamento pode ser conseguido em ambas as categorias utilizando abordagens de ajuste de modelos ou de regressão que aprendem a prever a localização de pontos de referência impondo implicitamente limites de forma/pose. As técnicas de regressão proporcionam geralmente um alinhamento e uma eficiência computacional superiores, mesmo que os dois métodos de ajuste direto de modelos tenham feito progressos significativos; mais especialmente quando implementados em cascata [20].

C. Correspondência de rostos

Uma estratégia eficiente de correspondência de distribuição baseia-se no processo de destilação, em que a correspondência de distribuição sobre previsões facilita a partilha de conhecimentos entre tarefas. Utilizando a computação afectiva e o reconhecimento facial, a Face BehaviorNet [21] foi desenvolvida como a estrutura inicial abrangente para a análise facial em grande escala. A computação afectiva abrange uma variedade de tarefas heterogéneas, como a previsão de activações de unidades de ação binárias (ativação dos músculos faciais) para inferir o estado afetivo de uma pessoa, a previsão de aspectos constantes de valência e excitação (positivo/negativo, ativo/passivo, etc.) e a previsão de emoções classificadas (por exemplo, feliz, triste, zangado, surpreendido). A correspondência de rostos é um processo que envolve a transformação de informação analógica (um rosto) em informação digital (dados ou vectores) com base nas caraterísticas faciais da pessoa. A tecnologia de correspondência facial é uma combinação de algoritmos sofisticados de aprendizagem automática que comparam as caraterísticas faciais distintas de uma pessoa com as bases de dados existentes, tornando-a mais do que um simples sistema biométrico. São incluídos elementos comportamentais e fisiológicos, como a distância entre os olhos e a forma do nariz [22].

O resultado de um sistema de correspondência de faces inclui detalhes sobre o tamanho e a posição das faces nas fotografias, bem como as caraterísticas particulares que foram utilizadas para as comparar. Uma pontuação de qualidade para as fotos de rostos e um resultado de correspondência indicando se os rostos foram considerados correspondentes podem ser incluídos na saída.

D. Deteção da vivacidade do rosto

As instituições podem utilizar técnicas anti-falsificação, como a deteção de vivacidade, que verifica se o rosto apresentado ao sistema de reconhecimento facial é genuíno, para combater os ataques a rostos falsos. Poderá ser necessário demonstrar a vitalidade de uma pessoa através de pestanejos, movimentos da cabeça ou sorrisos durante este processo. As organizações podem utilizar estratégias de autenticação multi-fator que combinem a tecnologia de reconhecimento facial com palavras-passe ou fichas tangíveis. O spoofing facial é um tipo de ataque de bluff em que o atacante utiliza as suas informações faciais falsas para enganar o sistema de segurança, fazendo-o acreditar que é um utilizador legítimo através de fotografias ou vídeos. Alguns exemplos de falsificação de rosto são capturas de ecrã, fotografias impressas, fotografias de dispositivos móveis, filmes, máscaras e capturas de ecrã. Exemplos de meios que podem ser utilizados para falsificar um rosto incluem fotografias impressas, filmes, máscaras, capturas de ecrã e imagens apresentadas em dispositivos móveis. Em geral, os ataques de falsificação contra sistemas de reconhecimento facial enquadram-se numa das seguintes categorias [23]:

- **Ataque de imagem impressa**: É um tipo de fraude de reconhecimento facial em que o acesso a um sistema ou local seguro é obtido através da utilização de uma duplicata digital ou física do rosto de um utilizador autorizado. Este ataque pode ser efectuado através da utilização de uma impressora de alta qualidade ou da apresentação de uma imagem digital num ecrã.
- **Ataques de repetição de vídeo:** Este método utiliza uma apresentação de vídeo para se fazer passar por um utilizador autorizado e enganar um sistema de reconhecimento facial para

permitir o acesso a um sistema, dispositivo ou local restrito. Estes ataques podem ser iniciados com uma câmara de smartphone ou uma imagem da vítima pretendida.

- **Ataques com máscaras**: Este é um tipo que envolve a utilização de máscaras modificadas ou impressas em 3D para se fazer passar por um utilizador autorizado e enganar o software de reconhecimento facial, permitindo o acesso não autorizado a um sistema, dispositivo ou local seguro.

E. Melhoria da imagem do rosto

Um melhoramento do rosto pode ser crucial para dar ao desempenho do reconhecimento facial informações extensas e adequadas. Um melhoramento do rosto pode ser crucial para dar ao desempenho do reconhecimento facial informações extensas e adequadas. O melhoramento de imagens consiste principalmente em realçar os detalhes que estão escondidos e aumentar o contraste de uma imagem com uma nova gama dinâmica. Pode ser bastante difícil reconhecer os rostos das pessoas em diferentes situações de iluminação. Quando as imagens faciais são tiradas em ambientes com uma gama dinâmica invulgarmente elevada, o problema torna-se ainda mais difícil. A maioria dos sistemas automatizados de reconhecimento facial pressupõe que as imagens são obtidas com uma iluminação bem controlada [24]. A segmentação e a identificação do rosto são facilitadas num ambiente tão restrito. No entanto, o controlo das luzes não será viável se um sistema de vigilância for implantado noutro local. Sem compensar a luz irregular, não é possível obter uma taxa de reconhecimento aceitável. As técnicas baseadas numa iluminação uniforme que preserva o brilho têm sido investigadas numa tentativa de resolver os problemas acima referidos.

F. Verificação do rosto

A videovigilância é uma das condições de trabalho mais difíceis para os sistemas de verificação facial. Como qualquer outro sistema biométrico, a abordagem tradicional consiste em duas fases distintas: registo e verificação. Na primeira fase, o sistema recebe amostras da identidade alvo, que devem ser autênticas, para criar um modelo. Neste caso, as consultas de identificação são enviadas para o sistema e a sua função é determinar se a identidade é ou não verdadeira (impostora). O sistema examina as actualizações de modelos, muitas vezes conhecidas como aprendizagem incremental, como forma de aproveitar os dados obtidos durante a fase de teste/verificação. O método utilizado para atualizar os modelos de identificação de forma não supervisionada é designado por auto-formação ou auto-atualização. Estes métodos, que foram criados pela primeira vez no domínio do processamento de linguagem natural, baseiam-se no pressuposto de que o classificador é capaz de efetuar a rotulagem autêntica/falsa por si próprio, sem supervisão [25].

G. Pré-processamento

O pré-processamento diminui o impacto da iluminação, das flutuações de posição e dos factores de oclusão, que podem afetar negativamente a eficácia de um sistema de reconhecimento facial. Um potencial conceito de pré-processamento é converter as imagens RGB em imagens em escala de cinzentos. Em seguida, garante que as caraterísticas são retiradas das mesmas regiões semânticas e que as faces são orientadas para pontos locais partilhados. Para obter resultados satisfatórios, serão efectuados ajustes à iluminação e ao contraste. Para obter um contraste adequado, a imagem do rosto de entrada pode também ser submetida a uma equalização do histograma. [26].

H. Extração de caraterísticas

O principal objetivo desta etapa é extrair caraterísticas das fotografias de rostos que foram encontradas na fase de deteção. Nesta fase, um rosto é representado por um conjunto vetorial de caraterísticas conhecido como "assinatura", que caracteriza as principais caraterísticas do rosto, como a boca, o nariz e os olhos, e a sua disposição geométrica. Cada rosto é único em relação aos outros em termos de tamanho, forma e estrutura. Existem alguns métodos para identificar a face com base no tamanho e na separação, tais como retirar os lábios, os olhos ou o nariz [27]. São normalmente utilizados vários métodos para extrair as caraterísticas da face: Eigen face, filtro de Gabor, quantização de fase local (LPQ), Histograma de Gradientes Orientados (HOG), Scale-Invariant Feature Transform (SIFT), wavelets de Haar, transformadas de Fourier, Análise de Componentes Independentes (ICA), Análise Discriminante Linear (LDA) e padrão binário local (LBP).

1.2 APLICAÇÃO DO RECONHECIMENTO FACIAL

- Embora os computadores tenham demonstrado a capacidade de detetar e diferenciar rostos, os seres humanos possuem uma capacidade inerente de reconhecimento facial. Na aplicação da lei, bem como em aplicações civis e comerciais, a identificação exacta de indivíduos é essencial na tecnologia de reconhecimento facial.
- Confirmação de imagens antigas: A verificação da autenticidade de uma imagem antiga de uma pessoa é muito valiosa para os estudiosos da história, biógrafos e coleccionadores de antiguidades, especialmente se a imagem real tiver sido captada quando o sujeito era consideravelmente mais velho. Os algoritmos de reconhecimento de faces enfrentam desafios significativos devido às diferenças de idade e, por vezes, às imagens antigas de má qualidade.
- O reconhecimento facial é utilizado como ponto de controlo de acesso para obter autorização para determinados serviços, como a entrada em edifícios, a utilização de cofres bancários ou de salas seguras, etc. Este tipo de sistema capta uma imagem de uma pessoa

utilizando uma câmara que está posicionada num local conhecido como ponto de acesso. A imagem obtida é comparada com a base de dados facial armazenada do indivíduo.

- O "envelhecimento computorizado" e a "reconstrução de rostos a partir de restos mortais" envolvem a conversão de fotografias faciais existentes em projecções de aparências futuras ou reconstruções potenciais do aspeto que uma pessoa poderá ter tido.
- A tecnologia de reconhecimento facial tem sido utilizada atualmente para uma variedade de fins de vigilância, incluindo a identificação de eleitores, emissão de licenças, gabinetes governamentais, instalações militares, entrada em exames, caixas multibanco e muito mais.
- A "Reconstrução do Rosto da Testemunha" consiste em pedir à testemunha que utilize uma biblioteca de caraterísticas, como narizes, olhos, lábios, etc., para formar uma imagem do autor do crime. O "esboço" do utilizador é comparado com todas as imagens da base de dados para determinar quais são as que mais se aproximam. Estas correspondências permitem à testemunha melhorar o "esboço". O recálculo das correspondências mais próximas pode ajudar um sistema de reconhecimento facial a identificar o verdadeiro infrator.
- Uma multidão de dezasseis infractores pode ser identificada através de tecnologias bem concebidas, instaladas em espaços públicos como aeroportos e grandes recintos de espectáculos. Esta leitura em grande escala não pode ser efectuada por outros meios biométricos, como o reconhecimento da voz, da íris ou das impressões digitais.
- Várias utilizações comerciais da tecnologia de reconhecimento facial incluem a segurança doméstica, o pagamento de prestações sociais, a localização de crianças fugidas e desaparecidas, os contadores de

cartões no sector dos jogos, o controlo da assiduidade escolar e os centros de dia para recolha de crianças.

- "Alinhamento eletrónico": Uma testemunha seleciona um rosto de uma coleção de fotografias, algumas das quais são candidatas fraudulentas. Esta coleção de fotografias pode ser o resultado da aplicação "Witness Face Reconstruction" do algoritmo de reconhecimento facial [28].

1.3 PESQUISA BIBLIOGRÁFICA

Oh et al., 2018 [29] introduziram que o reconhecimento facial era particularmente adequado para a IoT visual, e as caraterísticas do rosto servem como uma etiqueta essencial para identificar os seres humanos. As técnicas de reconhecimento facial de ponta existentes nas redes neurais profundas apresentam desafios na implementação de uma plataforma incorporada para a IoT visual

Manna et al., 2020 [30] propuseram um sistema de reconhecimento facial que facilita a identificação rápida e eficaz de criminosos e apoia a aplicação da lei. Este modelo é designado por Face Net (FN). O algoritmo FN transforma imagens de rostos num espaço euclidiano altamente agrupado. A abordagem sugerida pode identificar com exatidão rostos tanto em fotografias como em filmes.

Sharma et al., 2020 [31] propuseram um método de reconhecimento facial usando um algoritmo ML e análise de componentes principais (PCA). Abordaram a utilização de LDA, perceção multicamada, Naive Bayes e SVM. O estudo oferece uma técnica para identificar de forma independente o rosto de um indivíduo. O resultado demonstrado identifica automaticamente o rosto de um indivíduo.

Sajjad et al., 2020 [32] propuseram um reconhecimento facial que utilizava um Raspberry Pi e assistência na nuvem. Utilizaram um dispositivo Raspberry Pi para detetar e reconhecer rostos. O estudo abordou o método Bag of Words para extrair Speed orientado e pontos Quick rodados da face identificada para um SVM para identificar possíveis suspeitos.

Zhu e Cheng, 2020 [33] examinaram a investigação destinada a fornecer um algoritmo de seguimento de atitudes eficiente (EATA) e utilizaram o OpenCV, um programa de código aberto. A investigação assegurou que o sistema de fecho com chave era simultaneamente moderno e antigo e proporcionava um nível específico de segurança e fiabilidade.

Waseem et al., 2020 [34] apresentaram uma estrutura de rede hierárquica (HN) que utilizava uma incorporação de rosto gerada por FN para verificar se a arquitetura pré-treinada reconhecia rostos com êxito. Sugeriram um sistema de fecho de portas de segurança que utilizava tecnologia de reconhecimento facial em tempo real, ao qual foi ligado um dispositivo Raspberry Pi. O resultado demonstrou que a topologia HN melhora o desempenho do reconhecimento.

Jin et al., 2020 [35] investigaram abordagens de aprendizagem profunda para diagnosticar doenças a partir de imagens faciais 2D não controladas. O seu estudo aplicou a aprendizagem profunda por transferência ao diagnóstico facial assistido por computador, centrando-se em perturbações individuais e combinadas com um conjunto de dados limitado. Este método teve um desempenho superior ao das técnicas tradicionais de aprendizagem automática e das avaliações clínicas. Os desafios incluem as dificuldades e as preocupações éticas relacionadas com a compilação de bases de dados de imagens faciais específicas de doenças.

Hussain e Balushi, 2020 [36] tinham como objetivo a classificação de emoções, a deteção e o reconhecimento de faces utilizando a tecnologia de reconhecimento facial. Utilizaram Python, a biblioteca OpenCV e vários conjuntos de dados para reconhecimento em tempo real e análise de caraterísticas. O sistema identificou com êxito emoções e alterações fisiológicas em indivíduos. As limitações apontadas incluem potenciais enviesamentos no software de reconhecimento e precisão variável em diferentes condições do mundo real.

Masud et al., 2020 [37] propuseram um modelo profundo baseado em árvores concebido para aplicações de cuidados de saúde inteligentes em tempo real, abordando questões de baixa precisão no reconhecimento facial baseado na nuvem. A sua abordagem, que divide os volumes de entrada em ramos, revelou-se eficaz em conjuntos de dados como FEI, ORL e LFW. As limitações incluem potenciais ineficiências computacionais em aplicações de grande escala e problemas de desempenho em cenários complexos do mundo real.

Alay e Al-Baity, 2020 [38] apresentaram um sistema biométrico multimodal que combina o reconhecimento de impressões digitais, da face e da íris utilizando técnicas de aprendizagem profunda. O seu sistema, que incorporou a imagem métodos de aumento e abandono para reduzir o sobreajuste, demonstrou uma melhor precisão de identificação com a fusão ao nível das caraterísticas. As limitações incluem a dependência de um conjunto de dados específico (SDUMLA-HMT) e a falta de comparação de desempenho com outras técnicas de fusão.

Vallathan e et al., 2021 [39] propuseram a operação de DNN, multi-classificador e densidade de kernel. O DNN foi utilizado para a aprendizagem e formação de dados e a densidade do kernel foi utilizada para o agrupamento e previsão de dados. Os resultados experimentais indicam um elevado nível de precisão em comparação com outros métodos.

Wang e Peng, 2021 [40] examinaram a identificação e reconstrução facial utilizando um sensor de profundidade. O método iterativo do ponto mais próximo (ICP) foi utilizado para ligar as colecções de nuvens de pontos para recriar modelos 3D. Sugeriram um método de classificação da semelhança facial 3D baseado em caraterísticas que consiste em normal, curvatura e registo. A abordagem do estudo funcionou bem em dispositivos inteligentes que incluem uma pequena câmara de profundidade, incluindo smartphones e tablets inteligentes. O resultado demonstrou a rapidez do cálculo e a elevada precisão.

Onyema et al. 2021 [41] resolveram os problemas de custo computacional associados a modelos sofisticados de redes neurais convolucionais (CNN), propondo um método de aprendizagem profunda para a identificação de emoções faciais utilizando ConvNets. O seu modelo, treinado com base em sete expressões faciais universais, alcançou uma elevada precisão sem a necessidade de camadas extensas de CNN, equilibrando a precisão com exigências de processamento reduzidas. As limitações do estudo incluem potenciais desafios na generalização dos resultados em diferentes conjuntos de dados e cenários devido aos requisitos de processamento inerentes.

Toldinas et al., 2022 [42] apresentaram métodos de aprendizagem federada e de aprendizagem por transferência federada para a identificação de imagens utilizando o Network Intrusion Detection System (NIDS) e avaliaram o Boğaziçi University Distributed Denial-of-Service (BOUN DDoS). O resultado sugeriu que a quantidade de tempo necessária para desenvolver modelos poderia levar a uma rápida divergência.

Al-Nabulsi et al., 2023 [43] propuseram quadros e sistemas de reconhecimento facial utilizando técnicas CNN, DL, ML e Mobil Net. Os sensores baseados na IOT foram incorporados nos algoritmos ML e DL para monitorizar o número de pessoas que utilizam máscaras faciais e alertar as autoridades competentes. O resultado aproxima-se de um nível de precisão mais elevado em comparação com os métodos tradicionais de classificação de imagens.

Gaikwad et al., 2024 [44] contribuíram para os sistemas IoT de campainhas inteligentes introduzindo um bloco de convolução separável em profundidade (DSCB) para melhorar a precisão e a eficiência da identificação de rostos. O seu método, que integra o DSCB com uma Rede Neural Convolucional Multitarefa (MTCNN), melhorou o desempenho no tratamento de mudanças de postura e oclusão. No entanto, os desafios em diferentes cenários do mundo real, como a iluminação variável e as questões de privacidade, podem afetar a eficácia do sistema.

Fang e Zhang, 2024 [45] desenvolveram um sistema de segurança doméstica inteligente baseado na IoT que utiliza a tecnologia de reconhecimento facial para melhorar a proteção das casas. A sua abordagem, que envolve o algoritmo YOLOv5 e um conjunto de dados de imagens pessoais, alcançou uma precisão adequada na identificação de visitantes em tempo real e no desbloqueio de portas. Os potenciais problemas incluem a qualidade do conjunto de dados, as limitações dos dados de treino e o desempenho em várias condições de iluminação.

Rostami et al., 2024 [46] tinham como objetivo melhorar a deteção e identificação de rostos à distância com um modelo concebido para aplicações com drones. O seu método, que utiliza redes neuronais profundas (DNN) e o conjunto de dados Drone Face, foi comparado favoravelmente com os modelos existentes em termos de precisão. As limitações do estudo incluem potenciais reduções no desempenho do modelo devido à altura ou distância e a necessidade de validação adicional em diversos cenários e conjuntos de dados.

Karani et al., 2024 [47] centraram-se na maximização da exatidão e da eficiência computacional em modelos de redes neurais convolucionais

(CNN) leves e personalizados. Em comparação com o modelo de base ResNet-50, a sua CNN ligeira especialmente construída revelou uma maior precisão e tempos de formação reduzidos. No entanto, a capacidade do modelo para captar todas as nuances emocionais e o potencial sobreajuste em conjuntos de dados específicos podem limitar a generalização.

Quadro 1.1: Resumo dos trabalhos relacionados

Referências	**Objetivo**	**Métodos**	**Resultados**	**Limitação**
Oh et al., 2018 [29]	Avaliar o reconhecimento facial para a IoT visual e os desafios da sua plataforma incorporada.	Redes neurais profundas; norma de verificação LFW	Elevada exatidão e precisão no reconhecimento facial.	Desafios da implementação em plataformas incorporadas.
Manna et al., 2020 [30]	Facilitar a identificação criminal rápida e eficaz através do	Algoritmo Face Net (FN); Agrupamento no espaço euclidiano.	Identificação exacta de rostos em fotografias e vídeos.	Pode deparar-se com problemas de iluminação e ângulos variáveis.

	reconhecimento facial.			
Sharma et al., 2020 [31]	Desenvolver um método de reconhecimento facial utilizando vários algoritmos ML e PCA.	LDA, perceptron de várias camadas, Naive Bayes, SVM.	Identificação automática de rostos individuais.	O desempenho pode degradar-se com imagens de baixa qualidade.
Sajjad et al., 2020 [32]	Melhorar a eficiência do reconhecimento facial utilizando Raspberry Pi e assistência na nuvem.	Raspberry Pi; método Bag of Words; SVM.	Melhoria da eficiência dos serviços de aplicação das nas cidades inteligentes.	Capacidades de processamento limitada do Raspberry Pi.
Zhu e Cheng,	Fornecer um algoritmo de rastreio	Fornecer um algoritmo de rastreio de atitude eficiente	Precisão excecional e b desempenh	Eventuais problemas de integração com os

2020 [33]	de atitude eficiente com segurança moderna e fiável.	com segurança moderna e fiável.		sistemas existentes.
Waseem et al., 2020 [34]	Melhorar o reconhecimento facial em sistemas de segurança utilizando estruturas de redes hierárquicas	Estrutura de rede hierárquica (HN); incorporação de faces geradas por FN; Raspberry Pi.	Desempenho de reconhecimento melhorado em sistemas de segurança em tempo real.	O desempenho em tempo real pode ser afetado por limites de processamento.
Jin et al., 2020 [35]	O objetivo do estudo é investigar o potencial das abordagens de DL para a identificação de	O estudo sugeriu a aplicação da aprendizagem por transferência profunda ao diagnóstico facial assistido por computador	Em comparação com as técnicas convencionais de aprendizagem automática (ML) e os clínicos em ensaios, a	As dificuldades, os custos e as preocupações éticas associadas à recolha de dados de imagens faciais de doenças específicas

	condições a partir de imagens faciais bidimensionais (2D) não controladas.	de diferentes condições, concentrando-se em perturbações individuais e combinadas com um conjunto de dados limitado.	aprendizagem por transferência profunda do reconhecimento facial obtém a maior precisão.	resultaram em pequenas bases de dados de imagens faciais.
Hussain, e Balushi, 2020 [36]	O principal objetivo da investigação sobre reconhecimento facial é reconhecer e autenticar as caraterísticas faciais. O estudo	A investigação utiliza a programação Python, a biblioteca OpenCV e conjuntos de dados para classificar e autenticar rostos humanos utilizando abordagens de reconhecime	A exatidão do sistema de reconhecimento facial foi testada na experiência, onde reconheceu com êxito emoções e examinou alterações fisiológicas em várias pessoas.	A exatidão da categorização das emoções em muitos cenários do mundo real e os possíveis enviesamentos no software de reconhecimento facial são alguns dos problemas típicos.

	sugerido visa atingir três objectivos principais : classificação de emoções, reconhecimento de deteção de faces e deteção de faces.	nto facial em tempo real, análise de caraterísticas e classificação de emoções.		
Masud et al., 2020 [37]	O artigo sugere um modelo profundo baseado em árvores que pode funcionar em tempo real para aplicações	A abordagem sugerida divide o volume de entrada em muitos volumes, o que resulta em árvores com factores de ramificação e alturas e é	Os resultados dos ensaios demonstram que o modelo recomendado o teve um desempenho exato nos conjuntos de dados "Facial Expression	O artigo faz alusão a potenciais inconvenientes na eficiência informática do modelo em implantações em grande escala e no desempenho em contextos reais complexos.

	inteligentes de cuidados de saúde e ultrapassar as dificuldades de baixa precisão, para o reconhecimento automático de rostos em contextos de nuvem	computacionalmente menos dispendiosa. É avaliada e comparada com métodos sofisticados de reconhecimento facial.	Image" (FEI), "Olivetti Research Laboratory" (ORL) e "Labelled Faces in the Wild" (LFW).	
Alay, e Al-Baity, 2020 [38]	O estudo apresentado é um sistema biométrico multimodal que reconhece as pessoas	O sistema aplica métodos , como o aumento e o abandono de imagens, para minimizar o sobreajuste e avalia o	Três qualidades foram utilizadas pelo sistema para melhorar a precisão do desempenho da identificação	Os potenciais inconvenientes são mencionados no parágrafo, incluindo a dependência de um determinado conjunto de dados

	utilizando as modalidades biométricas da impressão digital, da face e da íris, ao mesmo tempo que utiliza a aprendizagem profunda para melhorar a precisão da identificação.	desempenho no conjunto de dados SDUMLA-HMT. As redes neurais convolucionais são utilizadas para extrair caraterísticas e categorizar imagens.	biométrica com a fusão ao nível das caraterísticas e a precisão com diferentes formas de fusão ao nível da pontuação.	SDUMLA-HMT e a falta de análise das diferenças de desempenho entre outras técnicas de fusão.
Vallathan et al., 2021 [39]	Proposta de uma estrutura DNN multi-classificadora para	DNN para aprendizagem e formação de dados; densidade de Kernel para agrupamento e previsão.	Elevada precisão em comparação com outros métodos.	Elevados requisitos computacionais para a formação.

	o reconhecimento exato de rostos em .			
Wang e Peng, 2021 [40]	Examinar a identificação e reconstrução facial com sensores de profundidade para modelação 3D.	Sensor de profundidade; método Iterative Closest Point (ICP); classificação de semelhança de faces 3D baseada em caraterísticas.	Elevada precisão e velocidade em câmaras de profundidade pequenas, como smartphones e tablets.	Os sensores de profundidade podem não funcionar bem em todos os ambientes.
Onyema et al., 2021 [41]	O trabalho abordou as dificuldades de custo computacional associadas a modelos CNN	Um modelo de reconhecimento de expressões faciais utilizando uma ConvNet foi treinado utilizando a abordagem que incluía	A técnica melhorou a precisão da deteção de expressões faciais sem codificar numerosas camadas CNN, oferecendo uma precisão	As necessidades de processamento dos modelos de aprendizagem profunda e os limites do conjunto de dados podem ser a causa das limitações do

	sofisticados e propôs um método de aprendizagem profunda para a identificação de emoções faciais utilizando redes neurais convolucionais (ConvNets).	sete amostras de expressões faciais universais.	comparável à dos modelos de ponta sem exigir recursos de processamento significativos.	estudo, o que pode ter um impacto na amplitude da aplicação dos resultados.
Toldinas et al., 2022 [42]	Explorar métodos de aprendizagem federada para a identificação de imagens e	Aprendizagem federada; Sistema de deteção de intrusões na rede (NIDS); avaliação BOUN DDoS.	Desenvolvimento rápido de modelos com potencial para divergências rápidas.	A aprendizagem federada pode ser complexa de gerir e sincronizar.

	avaliar a divergência de modelos.			
Al-Nabulsi et al., 2023 [43]	Desenvolver estruturas de reconhecimento facial que incorporem sensores IoT e vários algoritmos para deteção de máscaras.	CNN, DL, ML, MobileNet; sensores IoT.	Maior precisão na monitorização da utilização da máscara facial em comparação com os métodos tradicionais.	A integração da IdC pode introduzir preocupações de segurança adicionais
Gaikwad et al., 2024 [44]	O trabalho contribuiu para os sistemas IoT de campainhas inteligentes para casas mais	A investigação apresentou um DSCB para aumentar a velocidade e a precisão na identificação de rostos, ultrapassand	A técnica de identificação facial sugerida, que combina o DSCB com o MTCNN, melhora a eficiência e a precisão, o que ajuda os sistemas de	Os limites do estudo podem incluir dificuldades na utilização da tecnologia de reconhecimento facial em várias situações do mundo real, tais como

	seguras e conectadas, introduzindo um bloco de convolução separável em profundidade (DSCB) para melhorar a eficiência e a precisão da identificação facial.	o as mudanças de postura, a oclusão e os alvos pequenos com a ajuda de uma rede neural convolucional multitarefa (MTCNN).	segurança doméstica, nomeadamente os sistemas de campainhas inteligentes com IoT, a terem um melhor desempenho.	iluminação inadequada, diferentes expressões faciais e questões de privacidade.
Fang, e Zhang,2024 [45	A criação de um sistema de segurança doméstica inteligente baseado	A investigação utilizou tecnologias de IoT e de reconhecimento facial. Também	A abordagem sugerida mostra uma precisão adequada na identificação rápida de	O artigo aborda potenciais desvantagens, como a qualidade e a quantidade do conjunto de

	na Internet das Coisas (IoT) que seja fiável e tenha um preço razoável, melhorando do simultaneamente a proteção da casa através da utilização da tecnologia a de reconhecimento facial.	implementa o algoritmo YOLOv5, testa vários modelos e treina e investiga uma coleção de imagens pessoais.	visitantes em tempo real, alertando os proprietários e destrancando portas se os rostos corresponderem a pessoas reconhecidas.	dados de treino, bem como potenciais problemas com várias definições de iluminação e perspectivas de imagem.
Rostami et al., 2024 [46	Para melhorar o desempenho na identificação e	Para reconhecer e reconhecer rostos, utilizar redes neurais	Comparando a técnica sugerida com os modelos actuais de , obtém-se	A altura ou a distância podem limitar a eficiência do modelo, e pode ser necessária

	deteção de rostos à distância ou a grandes altitudes, está a ser desenvolvido um modelo único de deteção e identificação de rostos para drones.	profundas (DNN). Utilizar o conjunto de dados Drone Face para testar a metodologia sugerida. O desempenho deve ser comparado com modelos de ponta.	uma precisão competitiva nos procedimentos de deteção e reconhecimento de rostos.	uma validação mais para ver o desempenho do modelo numa variedade de configurações e conjuntos de dados.
Karani et al., 2024 [47	A exatidão e a eficiência computacional são maximizadas no desenvolvimento e avaliação de	Quando comparado com o modelo ResNet-50 de base, uma CNN leve especialmente construída que foi treinada	O tempo de treino foi reduzido em cerca de e a precisão foi melhorada quando comparada com a linha de base e a ResNet-50,	A utilização de modelos CNN leves, que não conseguem captar todas as subtilezas emocionais, e o possível sobreajuste em determinados conjuntos de

	modelos de Redes Neuronais Convolucionais (CNN) leves e personalizados.	com extração manual de caraterísticas mostrou maior precisão e tempos de treino mais curtos.	respetivamente.	dados podem restringir a generalização do estudo .

1.4 DECLARAÇÃO DO PROBLEMA

A dificuldade de reconhecer rostos em seres humanos resulta da variedade de expressões faciais, aparências individuais, diferentes posições e condições de iluminação [26]. O desenvolvimento de um sistema de reconhecimento facial em tempo real com uma elevada taxa de precisão de identificação é um desafio devido às alterações na localização da câmara, na intensidade da iluminação, em várias fontes e na direção. As deficiências e restrições dos sistemas actuais são a força motriz desta investigação. As abordagens actuais baseiam-se em técnicas elementares de pré-processamento, como o reconhecimento facial e o registo básico de imagens. Por conseguinte, acreditavam que uma estratégia forte de extração de caraterísticas e padrões fortes de caraterísticas e diferenciação baseados nos métodos de extração de caraterísticas existentes poderiam ser obtidos através de um registo de imagem eficaz baseado na metodologia de aprendizagem profunda (DL), possivelmente melhorando a situação. Estudos anteriores afirmaram que os classificadores e os vectores de caraterísticas funcionaram eficazmente num ambiente controlado, enquanto vice-versa num ambiente não controlado. O sistema de segurança dos ambientes inteligentes foi reforçado pela implantação de módulos de autenticação baseados na biometria na maioria dos sistemas de aplicação baseados na vigilância. O rosto é o mais frontal quando está sem expressão e tem menos alterações de iluminação em várias posições. Por conseguinte, nos últimos tempos, as imagens faciais têm sido principalmente utilizadas para melhorar o módulo de segurança dos ambientes baseados na IdC.

1.6 OBJECTIVOS E FINALIDADE DO ESTUDO

Os objectivos da dissertação são os seguintes:

- Captura de imagens de rosto com diferentes resoluções, posições e níveis de qualidade utilizando a câmara Web
- Extração de caraterísticas faciais importantes de uma imagem e aumento da eficiência do processamento de imagens faciais utilizando uma abordagem de segmentação
- Reconhecimento de emoções utilizando técnicas de DL.
- Utilizando o conjunto de dados faciais, treinar e avaliar o modelo DL que foi construído.
- Comparar os resultados antes e depois da aplicação do método de aprendizagem profunda (DL) proposto para a super-resolução em imagens de reconhecimento facial de baixa qualidade. A criação de um modelo de deteção de objectos inteligente e preciso.

1.7 CONTRIBUIÇÃO DO TRABALHO

Esta secção destaca as contribuições deste trabalho para o domínio, salientando os novos desenvolvimentos e as melhorias efectuadas. As principais contribuições incluem melhorias na precisão, escalabilidade, adaptabilidade, integração com aprendizagem profunda e comparação com técnicas convencionais.

- O algoritmo Galactic Swarm Optimized Convolutional Neural Network (GSO-DCNN), introduzido pela primeira vez em tarefas de classificação, fornece uma abordagem nova e optimizada para o reconhecimento facial, oferecendo um método altamente avançado e eficiente que aumenta significativamente a precisão e o desempenho.
- A integração de STIP, HOG, SURF e GLCM proporciona uma abordagem robusta e eficiente de extração de caraterísticas combinadas para o reconhecimento facial, melhorando o desempenho do sistema através da captura de caraterísticas complementares. Esta combinação de métodos está a ser utilizada pela primeira vez, marcando uma nova contribuição para o campo e permitindo que o sistema lide eficazmente com tarefas complexas de análise de imagens.
- Os STIP são utilizados para extrair caraterísticas ligadas ao comportamento do rosto, capturando caraterísticas espaciais
- A abordagem HOG permite uma localização precisa do objeto e uma análise baseada na região.
- Para obter uma taxa de reconhecimento elevada, a dissertação tem impacto ao propor uma estrutura melhorada para o reconhecimento de rostos humanos. O sistema alcança uma precisão melhorada no reconhecimento facial, o que é uma adição significativa ao campo da segurança biométrica, melhorando a técnica de registo de imagens baseada em DL, o modelo de forma ativa e as estratégias de extração de caraterísticas.
- Integração de GSO com DCNN para expressão facial.
- A estrutura proposta é capaz de suportar diferentes algoritmos e técnicas de extração de caraterísticas porque é escalável e versátil. Devido à sua escalabilidade, o sistema pode ser aplicado a uma variedade de contextos de reconhecimento facial, incluindo

sistemas de controlo de acesso e de vigilância, adaptando-se a novos contextos e conjuntos de dados.

- A tecnologia de identificação biométrica está no seu melhor quando se integram técnicas de aprendizagem profunda no sistema de reconhecimento facial. A aprendizagem profunda demonstrou resultados impressionantes numa série de aplicações de visão computacional, e a incorporação desta tecnologia no quadro sugerido pelo melhora a precisão do sistema e o tratamento de variações faciais complexas.
- A dissertação contribui ao fornecer uma análise abrangente das diferenças entre o sistema de reconhecimento facial baseado em aprendizagem profunda amplamente utilizado e os métodos tradicionais. Esta comparação destaca as vantagens da estrutura proposta em termos de precisão, robustez e eficiência, demonstrando assim a eficácia da utilização de técnicas de aprendizagem profunda em tarefas de reconhecimento facial.

1.8 ÂMBITO DA DISSERTAÇÃO

Neste capítulo, as técnicas de identificação de rostos foram discutidas na identificação de rostos de baixa e alta resolução utilizando diferentes tipos de abordagens. Na secção de identificação de faces, o vetor especial é utilizado na entrada de classificação. Esta dissertação apresenta uma estrutura de reconhecimento de faces humanas de alta resolução que foi melhorada. Esta melhoria baseia-se no aperfeiçoamento da técnica de registo de imagem baseada na aprendizagem profunda do modelo de forma ativa, bem como na estratégia de extração de caraterísticas. A estrutura sugerida pode ser expandida para acomodar outros algoritmos e funciona bem com as várias técnicas de extração de caraterísticas incluídas neste estudo.

Melhorar o método de registo facial aumentará a precisão do sistema de reconhecimento facial. Começaram por comparar um sistema de aprendizagem profunda com várias técnicas convencionais antes de decidirem criá-lo em torno da estratégia de reconhecimento facial.

1.9 ORGANIZAÇÃO DA DISSERTAÇÃO

A organização da tese foi brevemente explicada nesta secção.

O Capítulo 1 identifica a introdução do reconhecimento facial e a pesquisa bibliográfica.

O Capítulo 2 apresenta a descrição do sistema e os métodos de aprendizagem profunda, fornecendo o quadro teórico fundamental necessário para realizar as experiências.

O capítulo 3 determina a metodologia do sistema de reconhecimento facial.

O Capítulo 4 apresenta em pormenor a abordagem e os procedimentos utilizados no sistema de reconhecimento facial.

O capítulo 5 apresenta as principais conclusões e os trabalhos de investigação futuros.

CAPÍTULO 2

DESCRIÇÃO DO SISTEMA

2.1 INTRODUÇÃO

Nos últimos anos, a Internet das Coisas (IoT) e os corpos inteligentes registaram um grande crescimento do número de sensores. A maioria dos dados é constituída por várias formas de instâncias esparsas. As aplicações em tempo real dizem respeito à análise de grandes volumes de dados. Imagine-se uma situação em que uma pessoa tem de ser identificada num aeroporto com várias câmaras com sensores. Nas suas zonas focais, estas câmaras registam imagens de uma grande variedade de coisas, incluindo pessoas, e fazem-no continuamente [48]. O enorme volume de dados de imagem tem de ser processado de forma significativa num ambiente de nuvem para identificar facilmente um indivíduo específico. Um dos domínios de estudo mais recentes e mais activos é o reconhecimento facial. É essencial para as aplicações biométricas e a segurança. Inicialmente, os métodos de reconhecimento facial dependiam de classificadores clássicos e de caraterísticas manuais.

No mundo moderno, as capacidades humanas estão a crescer juntamente com a tecnologia. Com a integração de várias tecnologias, a vida quotidiana das pessoas tornou-se mais simples. Mas também suscita preocupações de segurança. O rosto de uma pessoa é a sua principal identificação, sempre diferente da de qualquer outra pessoa (exceto no caso de gémeos). Hoje em dia, é possível utilizar esta identidade para aceder a locais fundamentais e altamente vigiados em todo o mundo. As pessoas são excelentes na identificação de padrões e rostos complexos. Esta capacidade não foi afetada pelo tempo; por isso, seria benéfico se os computadores pudessem reconhecer rostos tão bem como as pessoas. Um sistema que reconheça rostos demonstrou ser uma ferramenta flexível e útil com muitas aplicações e vantagens [49]. Em primeiro lugar, é essencial para a aplicação da lei, uma vez que permite procurar rapidamente registos criminais [50], facilitando a deteção e detenção de pessoas com um passado criminoso. Além disso, a tecnologia de reconhecimento facial combinada com câmaras de vigilância [51] melhora as medidas de segurança em todo o lado, permitindo a monitorização e a reação em tempo real. A capacidade do sistema para examinar fotografias de câmaras públicas ajuda a identificar e localizar pessoas desaparecidas, especialmente crianças [52], e a reuni-las com os seus familiares. Ao informar as instituições da presença de pessoas muito importantes (VIPs), a tecnologia simplifica ainda mais as medidas de segurança proactivas, que são mais baratas de aplicar, e melhora os serviços de hospitalidade [53].

Atualmente, o reconhecimento facial é uma técnica de identificação biométrica potente. O reconhecimento facial está atualmente a evoluir dos sistemas de reconhecimento facial devido a melhorias técnicas na tecnologia informática, no processamento de imagens, nos sistemas incorporados e nos requisitos humanos. Estes desenvolvimentos conduziram a um progresso contínuo nestes domínios.

2.2 APRENDIZAGEM PROFUNDA (DL)

Um subgrupo da aprendizagem automática, uma área mais geral da inteligência artificial (IA), é a DL. Centra-se na utilização de redes neuronais, que são arquitecturas modeladas a partir dos neurónios em rede que se encontram no cérebro das pessoas. A ênfase nas redes neuronais profundas, ou redes com várias camadas de camadas profundas que ligam a entrada e a saída, é o que distingue a DL [54]. O sistema pode aprender automaticamente e extrair caraterísticas hierárquicas dos dados de entrada devido a estas camadas, também conhecidas como camadas ocultas. Os algoritmos de DL funcionam através de camadas, com cada camada a extrair cada vez mais informação e a transmiti-la à camada seguinte . A figura 2.1 mostra o fluxo da DL. No sistema de deteção de intrusões

Para reduzir a discrepância entre as suas previsões e os resultados reais, o modelo aprende a modificar os seus parâmetros internos (pesos e enviesamentos) ao longo da fase de formação. A retropropagação é o método habitual utilizado para este efeito, no qual o modelo ajusta repetidamente os seus parâmetros em função da discrepância entre os valores previstos e reais. A secção seguinte aborda vários métodos úteis para reduzir os tempos de formação e melhorar os modelos quando se utilizam algoritmos de DL:

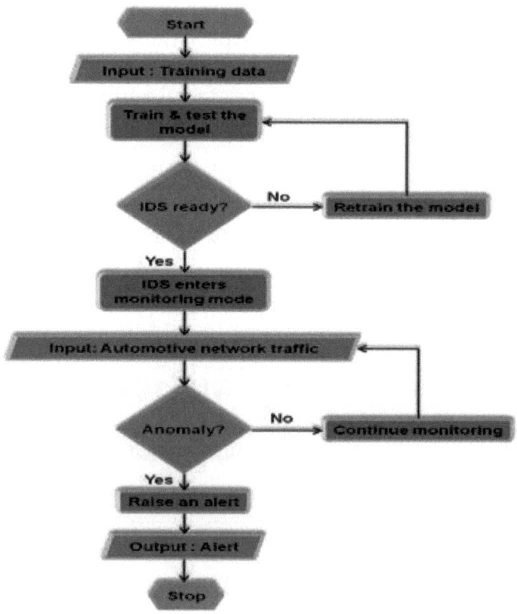

Figura 2.1: Fluxo de DL [55]

- Quando um problema de otimização é resolvido utilizando uma abordagem baseada no gradiente, o gradiente da função é encontrado através da retropropagação em cada iteração da tarefa.
- Para evitar ficar preso num mínimo local, é utilizada a descida gradiente estocástica para garantir que é atingido um mínimo ideal. Utiliza técnicas de função convexa com descida gradiente. A taxa de aprendizagem, o tamanho do passo e os valores da função podem afetar a forma e o momento em que se atinge o valor ótimo.
- Decaimento da taxa de aprendizagem: As técnicas de descida de gradiente estocástico tornam-se mais eficazes e requerem menos tempo de formação quando a taxa de aprendizagem é ajustada. A abordagem mais comum é reduzir gradualmente a taxa de aprendizagem à medida que o treino progride, permitindo melhorias iniciais significativas enquanto se aperfeiçoa o desempenho em fases posteriores.
- Desistência: O método pode ser utilizado para resolver o problema do excesso de ajuste da rede neural profunda. Esta técnica é utilizada na formação, eliminando aleatoriamente os neurónios e as suas ligações durante o treino. É uma técnica de regularização eficaz que aumenta os erros de generalização e diminui o excesso de ajuste. Os melhores resultados são obtidos em tarefas de aprendizagem supervisionada relacionadas com o reconhecimento facial, a categorização de documentos, a visão computacional e a biologia computacional.
- Max-Pooling: Ao utilizar esta abordagem, o valor máximo da janela é a saída do filtro, O custo de processamento da aprendizagem de vários parâmetros deve ser minimizado para empregar o max pooling.
- Normalizações em lote: Através da redução das alterações de covariáveis, as redes neurais profundas são aceleradas. Quando os

pesos são alterados ao longo de uma atividade, uma camada recebe os dados para cada mini-lote. A normalização diminui as épocas de treinamento e estabiliza o aprendizado. Para aumentar a estabilidade de uma rede neural, normalize a saída da camada de ativação anterior.

- Aprendizagem por transferência: Nesta abordagem, um modelo treinado numa tarefa é aplicado a uma tarefa diferente, mas relacionada, aproveitando o conhecimento adquirido com a tarefa inicial para melhorar o desempenho na nova tarefa.

2.3 APRENDIZAGEM HIERÁRQUICA PROFUNDA DE CARACTERÍSTICAS

O objetivo das técnicas de aprendizagem profunda é aprender uma hierarquia de caraterísticas, em que as caraterísticas de nível superior são formadas pela combinação de caraterísticas de nível inferior. Ao utilizar dados, um sistema pode aprender comportamentos complexos sem depender exclusivamente de caraterísticas geradas por humanos, aprendendo automaticamente caraterísticas a vários níveis de abstração. Isto é especialmente importante para ideias abstractas mais complexas, que são frequentemente difíceis de descrever com precisão em termos de dados sensoriais. Artificial na aprendizagem profunda de caraterísticas hierárquicas refere-se a caraterísticas ou representações bem estruturadas e claramente definidas que podem ser eficazmente utilizadas por métodos de aprendizagem profunda para captar padrões complexos através de várias camadas de abstração. Quanto mais dados existirem e quanto mais aplicações as técnicas de inteligência artificial puderem ser aplicadas, mais crucial será o reconhecimento automático de caraterísticas fortes. O número de operações não lineares que compõem os níveis de aprendizagem da operação é conhecido como a profundidade da estrutura.

No entanto, o cérebro humano é construído de forma profunda, em que uma dada perceção de entrada se reflecte em vários níveis de concetualização, cada um dos quais corresponde a uma área diferente do córtex. Estes tipos de tópicos são frequentemente descritos utilizando estruturas hierárquicas e diferentes graus de abstração. Além disso, parece que, ao longo do processamento, o cérebro altera a forma como a informação é representada e transformada. O sistema visual complexo é um excelente exemplo disto, apresentando um gradiente computacional que abrange a deteção de bordos, formas simples e formas visuais mais complexas.

2.4 APLICAÇÕES DA APRENDIZAGEM PROFUNDA

As aplicações que utilizam redes DL incluem o assistente virtual da Google, a tradução de texto para imagem, a condução autónoma, a identificação visual e a melhoria de filmes mudos com áudio. Os atrasos no desenvolvimento das crianças têm sido associados a uma série de aplicações, incluindo a tradução automática, o reconhecimento facial, a síntese de imagem para imagem, a previsão da taxa de mercado, a agregação de notícias, o reconhecimento automático de imagens e a identificação de notícias fraudulentas. Entre estas aplicações contam-se a filtragem cooperativa, a robótica , a modelação de movimentos e texturas, os sistemas autónomos, a regressão estatística, a separação de objectos, a redução da dimensionalidade e as questões de classificação [57].

No que diz respeito à categorização, a capacidade de identificar estruturas de hierarquia permite que os algoritmos organizem e categorizem os dados de uma forma semelhante à forma como os humanos pensam. Este método modular ajuda a robótica, permitindo que os robots vejam e comuniquem com o seu ambiente de uma forma organizada e sofisticada. A compreensão hierárquica dos aspectos visuais pode ser utilizada pelos sistemas de recuperação de informação para melhorar os algoritmos de pesquisa, oferecendo resultados mais precisos. A identificação precisa de contornos e arestas ajuda na divisão de objectos, uma operação essencial da visão por computador que melhora a delineação de objectos.

Além disso, a estrutura neural ordenada é útil em análises de regressão, em que é necessário um conhecimento sofisticado das caraterísticas de entrada para prever resultados contínuos. A capacidade de reconhecer caraterísticas em diferentes níveis de abstração facilita uma representação mais eficaz de conjuntos de dados complicados na redução da dimensionalidade. Os sistemas de sugestão que utilizam a filtragem colaborativa beneficiam do processamento hierárquico, uma vez que ajuda a melhorar a precisão e a personalização das sugestões ao compreender as preferências do utilizador a vários níveis. Fundamentalmente, a hierarquia neuronal do córtex visual transcende a visão para se tornar uma ideia fundamental em muitos domínios em que o reconhecimento intrincado de padrões e a abstração são críticos. A vasta aplicabilidade desta abordagem hierárquica realça a importância que terá para influenciar a direção da IA e a sua grande variedade de aplicações em vários domínios.

2.5 TIPOS DE APRENDIZAGEM PROFUNDA

As concepções DL superam as Redes Neuronais Artificiais (RNA) tradicionais, mas à custa de períodos de formação mais longos. Ainda assim, inovações como processadores gráficos computacionais dedicados e a utilização de métodos de aprendizagem por transferência tornaram-se contramedidas essenciais contra tempos de formação mais longos. Um dos factores mais importantes que influenciam a eficácia de uma rede neural é a sua arquitetura complexa; os modelos DL têm um melhor desempenho devido às suas arquitecturas mais elaboradas e sofisticadas [58].

A capacidade da rede para fazer previsões e classificações exactas é grandemente reforçada por processos de aprendizagem e análise de dados eficazes no âmbito das estruturas de DL. Uma melhor generalização e robustez resultam da profundidade e complexidade inatas destas arquitecturas, que lhes permitem identificar tendências e descrições complexas nos dados. Além disso, o processo de formação é acelerado através de unidades gráficas computacionais, uma vez que estas paralelizam os cálculos e ultrapassam os estrangulamentos computacionais que surgem com técnicas de formação mais lentas.

Outra abordagem crucial da DL é a transferência de aprendizagem, que melhora o desempenho de uma rede neural numa determinada tarefa, utilizando modelos pré-treinados em grandes conjuntos de dados. Esta técnica torna o DL acessível e flexível para uma maior variedade de aplicações, eliminando a necessidade de grandes conjuntos de dados e de períodos de formação mais longos. Para que uma rede neural funcione no seu melhor e mostre adaptabilidade a uma variedade de tarefas, a precisão da conceção do sistema é fundamental. A DL tem muitas arquitecturas diferentes, cada uma concebida para um caso de utilização específico, o que contribui para a sua adaptabilidade. Estas arquitecturas, que são frequentemente abordadas em profundidade na literatura relevante, incluem modelos transformadores para o processamento da linguagem natural, redes neuronais recorrentes (RNN) para dados sequenciais e redes neuronais convolucionais (CNN) para tarefas que envolvem imagens. A DL é uma área dinâmica que está sempre a explorar e a melhorar as suas estruturas para ultrapassar os limites do que as redes neuronais podem fazer em termos de eficiência e desempenho [59].

2.5.1 Redes Neuronais Artificiais (RNA)

As redes neuronais artificiais, geralmente designadas por redes neuronais, são modelos computacionais baseados no funcionamento das redes neuronais biológicas e incluem vários componentes de processamento intrinsecamente acoplados. O processo de tratamento e transmissão de dados nas RNA [60] é comparável a um sistema nervoso humano artificial. A unidade de computação básica do cérebro é um neurónio. É comum referirmo-nos à unidade básica de computação como uma unidade ou nó. A unidade escolhe o output ao receber input de outros nós ou de uma fonte externa. Os dendritos de um neurónio biológico transportam os dados para o corpo celular, onde são combinados com outras informações. Um neurónio dispara se o total exceder um determinado limiar. No modelo matemático, a informação é transferida através da frequência de disparo. A camada de entrada, a camada oculta, a camada de saída, a função de ativação, os pesos e as ligações e o algoritmo de aprendizagem fazem parte da RNA.

As camadas ocultas das RNAs efectuam cálculos intermédios, a camada de saída gera os resultados finais e a camada de entrada transmite os dados. Os dados são transferidos entre os nós através de pesos e ligações, e a atividade dos neurónios é determinada pela função de atividade, que aplica operações não lineares para maximizar o desempenho.

- **Camada de entrada:** Nesta camada, os dados são passados para a camada seguinte pelos nós sem efetuar quaisquer cálculos.
- **Camada oculta:** Estas camadas efectuam o processamento intermédio ou a computação. A camada de saída recebe os dados destes níveis quando estes tiverem concluído os cálculos.
- **Camada de saída:** Uma função de mapeamento, como a SoftMax para classificação, é utilizada nesta camada para mapear para o formato de saída desejado.
- **Pesos e ligações:** A saída do nó i é enviada para a entrada do nó j através de ligações na RNA. Neste caso, i é o antecessor de j, e cada ligação tem um peso.

- **Função de ativação:** A função de ativação de um neurónio determina a sua saída com base na entrada. Para obter o resultado desejado, a função de ativação decide se deve desativar ou ativar os neurónios. Para obter resultados excelentes, aplica adicionalmente uma operação não linear à entrada.

2.5.2 Formas de redes neurais

As redes neuronais assumem uma grande variedade de formas, mas distinguem-se frequentemente dois tipos básicos: Redes Feed-Forward e Redes Recorrentes [61]:

A. Redes neuronais feed-forward

Nas redes neuronais, os nós ocultos são utilizados para transportar os dados dos nós de entrada para os nós de saída. Este tipo de rede neural artificial não tem ligações de rede circulares [61]. Esta categoria inclui a CNN, o perceptron de camada única e o perceptron de várias camadas.

B. Perceptrão de camada única

O perceptron de camada única [62], como se vê na Figura 2.2, é uma rede direta de alimentação sem uma camada oculta. Ao determinar o número de camadas de uma RNA, a camada de entrada é ignorada porque não há cálculos feitos nela, e as entradas são encaminhadas para as saídas usando um conjunto de pesos; daí a frase "camada única".

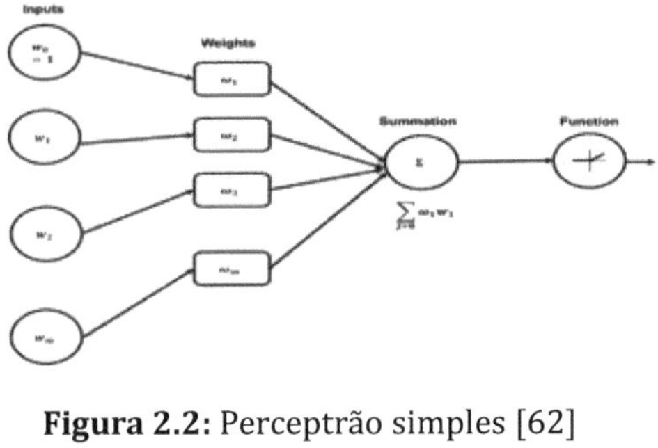

Figura 2.2: Perceptrão simples [62]

C. Perceptrão de várias camadas

Um perceptron multicamadas, como mostra a Figura 2.3, é constituído por muitas camadas de nós acoplados de forma ascendente. Cada neurónio de uma camada está interligado com todos os neurónios das camadas inferiores. A função sigmoide é frequentemente utilizada nestas redes como função de ativação. A capacidade do perceptron multicamadas para lidar com dados não lineares permite-lhe ser mais amplamente utilizado [63].

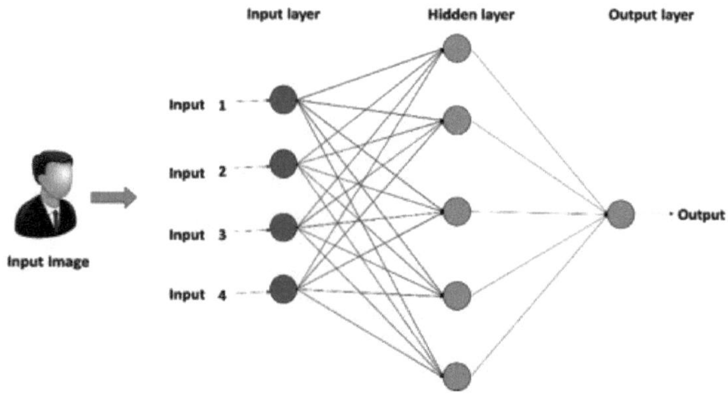

Figura 2.3: Perceção multicamada [62]

2.5.3 Redes treinadas não supervisionadas Pré-

A pré-treino sem supervisão é o processo de treinar um modelo em dados não rotulados antes de o aplicar às previsões. Nas secções seguintes, são abordadas várias topologias de pré-treino sem supervisão.

A. Autoencoder

Utilizado para encontrar inovações, reduzir a dimensão dos dados e descobrir anomalias. Um autoencoder converte a sua camada inicial, que é criada como uma camada de codificação, numa camada de descodificação. Posteriormente, ensina-a a replicar a entrada utilizando a abordagem não supervisionada. Resolva o peso dessa camada após o exercício. Depois de pré-treinar cada camada de rede profunda, passe para a próxima. Em seguida, usando os pesos adquiridos durante o pré-treinamento, otimize o primeiro problema de DL (regressão ou classificação) usando a descida gradiente estocástica.

B. Rede de crença profunda (DBN)

A primeira fase da formação DBN consiste em utilizar a primeira camada. Na camada seguinte, as caraterísticas aprendidas são utilizadas para ativação. Este processo deve ser continuado até à última camada. Os DBNs utilizam máquinas de Boltzmann restritas (RBMs) para treinar as suas camadas. Depois de efetuar as últimas alterações, a camada aprende progressivamente padrões complexos e a DBN aprende padrões ocultos que são criados globalmente através de uma rede feed-forward. Ao contrário de outras redes profundas em que cada [62]

C. Redes Adversariais Generativas (GAN)

É constituída pelas redes Discriminador e Gerador. O discriminador verifica o material, que é produzido pelo gerador. O gerador cria imagens que parecem naturais, enquanto o discriminador decide se uma imagem aparece ou não dessa forma. O GAN é considerado uma abordagem minimax de dois jogadores. As redes neurais convolucionais e feed-forward são utilizadas pelos GANs [63].

2.5.4 Rede Neural Convolucional (CNN)

As redes neuronais convolucionais (CNN) têm sido sugeridas como solução para problemas de visão computacional nos últimos anos devido ao seu notável desenvolvimento. Quando utilizadas para a reorganização de rostos, as camadas de convolução e de agrupamento das CNN [64] extraem o maior número de caraterísticas de rostos em comparação com as abordagens convencionais. A necessidade de um modelo de DL que leve muito menos tempo a treinar, uma vez que existe um volume crescente de dados de treino nesta era digital. Há muitas utilizações para as camadas ocultas de uma CNN. Para que uma rede convolucional seja classificada como uma CNN, deve incluir pelo menos uma camada convolucional, mesmo que muitas dessas camadas sejam opcionais [65]. Outra alteração é que os nós ocultos já não são um neurónio único como eram anteriormente, mas sim um filtro de neurónios espacialmente fixos. Uma representação esquemática de uma CNN é mostrada na Figura 2.4.

2.5.4.1 Elementos das redes neurais convolucionais

Os blocos de construção, incluindo as camadas de convolução, totalmente ligadas e de agrupamento, fazem parte da arquitetura da CNN. Uma arquitetura comum inclui uma ou mais camadas completamente ligadas seguidas de uma camada de agrupamento e uma pilha de várias camadas de convolução. A "propagação para a frente" refere-se ao método pelo qual os dados de entrada são convertidos em saída através de vários níveis [66]. O desempenho de um algoritmo é verificado para determinados núcleos e pesos utilizando a propagação progressiva num conjunto de dados de treino e os parâmetros aprendíveis, incluindo núcleos e pesos, são actualizados de acordo com o valor da perda por propagação regressiva utilizando a técnica de otimização por descida do gradiente.

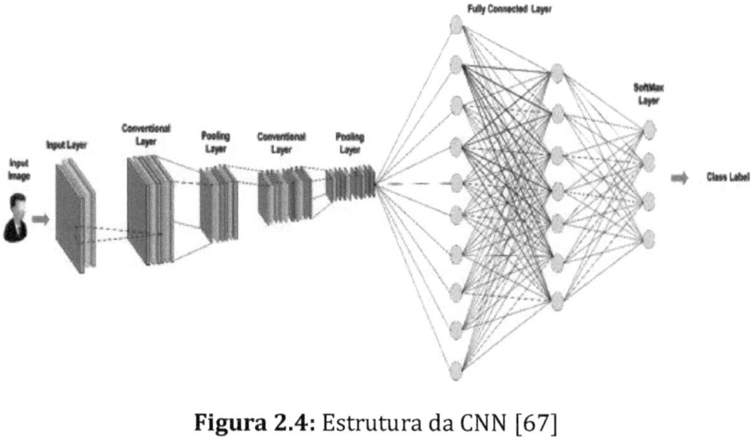

Figura 2.4: Estrutura da CNN [67]

A. Camada convolucional

Existem vários núcleos de convolução na camada de convolução. A camada convolucional utiliza os mapas de caraterísticas ou vectores de caraterísticas da camada anterior como entrada. Os núcleos convolucionais são utilizados na camada e a função de ativação transfere os mapas de caraterísticas para as novas informações [66]. As equações utilizadas pela CNN para as operações de convolução são dadas pela equação:

$$N_m^k = f(\sum Y_n^{k-1} \cdot V_{nm}^k + A_m^k) \quad (2.1)$$

OndeY_n^{k-1} é o mapa de caraterísticas da entrada da camadan^{th} ou anterior, ek representa a camadak^{th}. A função de ativação é indicada por$f$, o parâmetro de caraterística da saída da camadak^{th} é designado porN_m^k, o vetor de conflito é designado por A_m^k e a matriz ponderada do núcleo convolucionalnm^{th} é indicada por .V_{nm}^k

B. Função de ativação

A função de ativação não linear é um componente essencial das CNN, e a função ReLU, amplamente utilizada para evitar a dispersão do gradiente [46], é representada pela equação (2.2)

$$f(y) = ReLU(y) = \max(0, y) \quad (2.2)$$

A função de ativação adequada deve ser selecionada para cada tarefa. Uma função de ativação SoftMax [66] é utilizada para normalizar os valores reais de saída para as probabilidades de classe apropriadas para o problema de classificação multiclasse. Cada valor na função varia de 0 a 1 e todos os valores somam um. A compreensão da saída da rede pode ser difícil. Ao abordar questões de classificação, uma função SoftMax é normalmente usada para encerrar a CNN, conforme ilustrado na equação (2.3)

$$\widetilde{x_j} = s\frac{e^{x_j}}{\sum_j q^{x_j}}$$

(2.3)

Onde x_j é o símbolo para os valores de entrada e de saída. Como os resultados do processo de normalização são forçados a totalizar um, o resultado do SoftMax $\widetilde{x_j}$ pode ser visto como a probabilidade de uma entrada ser um membro da classe

C. Camada de pooling

Para simplificar e melhorar a produção de dados de caraterísticas, a CNN estabelece uma camada de agrupamento que efectua operações de amostragem reduzida. Reduz a dimensão e capta mais informações sobre as caraterísticas. A CNN utiliza a equação subsequente para as operações de pooling, que é dada por [71]:

$$Q_n = \max_{n_m \in r} N_m^k$$

(2.4)

em que$r$ é o tamanho da camada de agrupamento eQ_n é a matriz de saída.

D. Camada máxima de agrupamento

O pooling máximo é um método de pooling comum que seleciona o valor mais significativo de cada região do mapa de caraterísticas de entrada, descartando os restantes. Normalmente, utiliza um tamanho de filtro de 2x2 com um passo de 2, reduzindo a amostragem das dimensões do mapa de caraterísticas por um fator de dois. Isto reduz a altura e a largura do mapa de caraterísticas, mantendo inalterada a dimensão da profundidade [68].

E. Camada totalmente conectada

Os mapas de caraterísticas de saída da convolução final ou da camada de pooling são frequentemente achatados, ou seja, transformados num vetor (matriz unidimensional), e ligados a uma ou mais camadas densas, também designadas por camadas totalmente ligadas. Nestas camadas, cada entrada e cada saída estão ligadas por um peso que pode ser aprendido. Depois de as caraterísticas terem sido criadas e preparadas para serem traduzidas para as saídas finais da rede, que no caso da classificação são as probabilidades de cada classe [68]. Na última camada completamente ligada, o número de nós de saída é sempre igual ao número de classes.

2.5.5 Redes Neuronais Recorrentes (RNN)

As ligações entre unidades nas redes neuronais recorrentes (RNN) produzem ciclos direcionados. Enviam e recebem dados em ambas as direcções. As redes neuronais recorrentes utilizam a memória interna para lidar com sequências arbitrárias de unidades, ao contrário das redes feed-forward. Por este motivo, as RNN [69] são úteis para uma vasta gama de aplicações, incluindo a sumarização de textos, a modelização de línguas, o reconhecimento de áudio, a tradução automática, a etiquetagem de vídeos e a geração de textos. Quando a saída corresponde exatamente aos dados de entrada relevantes, uma RNN normal pode funcionar. A RNN não tem funcionado bem na realidade, embora possa teoricamente resolver este problema de dependência a longo prazo quando este período é bastante grande. Os autores descobriram que as principais razões pelas quais a formação de RNN é difícil são a explosão do gradiente e o desaparecimento do gradiente. [67] Este problema é resolvido pela rede neural recorrente de memória de curto prazo recentemente melhorada e avançada. Quando se tenta ligar dados históricos a dados actuais, as RNN clássicas sofrem frequentemente de dependência a longo prazo. O módulo de repetição de uma RNN clássica compreende apenas uma camada. A Figura 2.5 mostra um exemplo de um bloco de RNN.

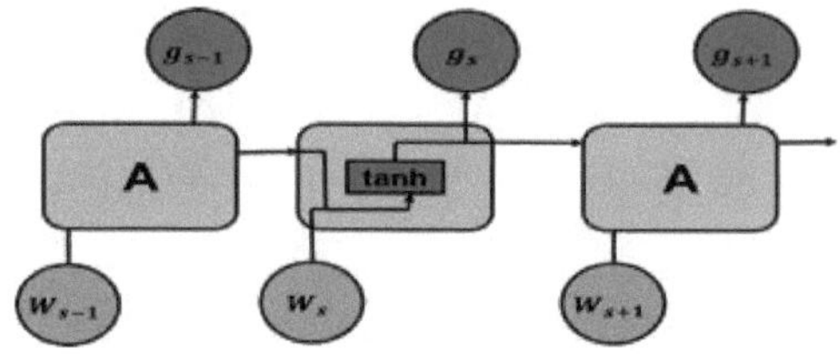

Figura 2.5: Estrutura da RNN [69]

2.5.6 Memória de curto prazo longa (LSTM)

Tem sido essencial abordar a questão da desconsideração das entradas a curto prazo e da preservação dos dados a longo prazo em modelos com variáveis inactivas. O método RNN conhecido como LSTM [69] beneficia de ligações de feedback. O reconhecimento de sequências, a identificação de padrões e o processamento de imagens podem ser efectuados através deste método. Um LSTM é constituído por três partes principais: portas de esquecimento, entrada e saída. O LSTM pode recordar o cálculo efectuado no passo de tempo anterior e determina o momento em que deve deixar entrar a informação no neurónio. O facto de a técnica LSTM fazer todos estes julgamentos com base apenas na entrada atual é uma das suas principais vantagens. O módulo de repetição de um LSTM consiste em quatro camadas interligadas. A Figura 2.6 mostra um exemplo de um LSTM. O ft de cálculo do estado da porta de esquecimento é obtido através da aplicação da função sigmoide à leiturae_x e aos vectores no intervalo$(0,1)$. O peso atribuído para permitir a passagem da informação relacionada é indicado porg_s. Quando o termo de polarização da porta de esquecimento é denotado por$tanh$ e a matriz de pesos é representada porXd.

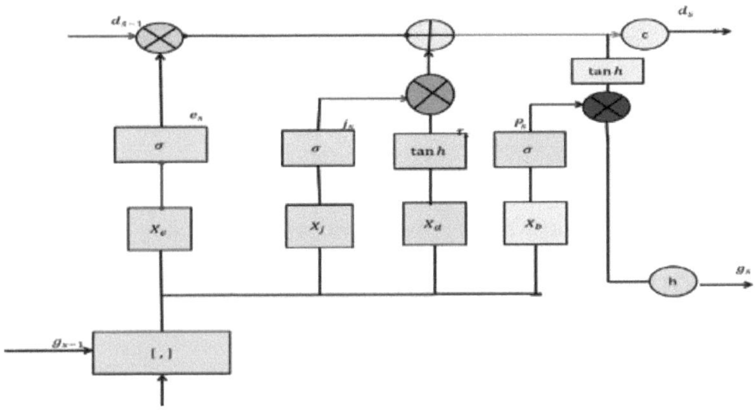

Figura 2.6: Memória de Curto Prazo Longa [62]

2.5.7 Rede neural residual (ResNet)

Um modelo DL proeminente que contorna o desafio de treinar redes muito profundas é a Rede Neural Residual ResNet, que emprega blocos residuais. Ao utilizar estes blocos, contorna as ligações e salta entre camadas. Com esta capacidade, o treino de grandes redes é facilitado sem aumentar a proporção de erros de treino. Além disso, o treino da rede é possível de forma mais eficaz e os cálculos são mais simples. O modelo ResNet funciona através da incorporação de ligações de atalho entre arquitecturas, normalmente abrangendo duas a três camadas, que incluem unidades lineares rectificadas (ReLU) e normalização de lotes[69]. [69] Estas ligações ajudam a evitar o problema do gradiente de desaparecimento. A investigação mostrou que a ResNet recuperou eficazmente os atributos da imagem, superando os métodos concorrentes em tarefas de classificação de imagens [70]. A Figura 2.7 mostra a arquitetura da Resnet-50

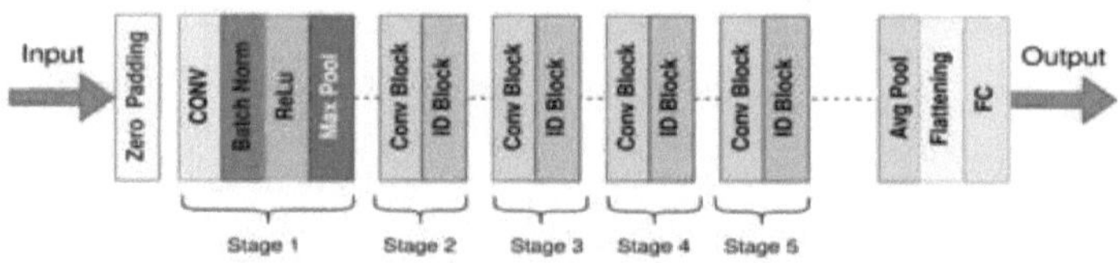

Figura 2.7: A arquitetura da RESNET-50

2.6 ESQUEMA DO SISTEMA PROPOSTO

A arquitetura complexa do sistema é utilizada no reconhecimento facial orientado para a aprendizagem profunda sugerido num ambiente IoT para combinar suavemente a análise facial sofisticada no ambiente IoT. Em primeiro lugar, a estrutura recolhe dados de dispositivos sensores, como câmaras ou sensores de imagem. Em seguida, passa por uma fase de pré-processamento sistemático em que normaliza e alinha a entrada em preparação para uma análise posterior. O sistema localiza e reconhece rostos nos dados de entrada utilizando um módulo avançado de identificação de rostos. Isto permite que um modelo de aprendizagem profunda, que já foi treinado, extraia atributos faciais complexos e produza incorporações. Os protocolos de comunicação facilitam a integração com dispositivos IoT e permitem uma partilha eficaz de dados [71].

A estrutura faz interface com dispositivos de deteção estrategicamente posicionados, como câmaras ou sensores de imagem, para iniciar o processo de recolha de dados da IoT. Estas ferramentas registam dados não processados, que constituem a base para uma análise posterior do rosto. Após a recolha dos dados, tem lugar uma fase de processamento estruturado durante a qual a entrada é sujeita a procedimentos de alinhamento e normalização. A fase inicial de preparação assegura a consistência e melhora o padrão da informação fornecida, facilitando a extração precisa das caraterísticas do rosto mais tarde. O sofisticado módulo de reconhecimento facial no centro do sistema é capaz de reconhecer rostos na informação previamente processada. Este módulo extrai traços complexos de rostos e cria incorporações que indicam caraterísticas chave, empregando algoritmos treinados em grandes conjuntos de dados. Isto permite que o sistema identifique rostos em cenários complexos e dinâmicos da Internet das Coisas com um elevado grau de precisão.

A integração de protocolos de comunicação concebidos para uma ligação sem problemas com dispositivos IoT é essencial para o sucesso do sistema integrado. A troca efectiva de dados entre o sistema de reconhecimento facial e outros dispositivos ligados no ambiente IoT é possível graças a estes protocolos. Devido a esta interoperabilidade, os resultados do reconhecimento facial podem ser utilizados em vários cenários, dependendo das necessidades da aplicação, incluindo controlo de acesso, vigilância ou serviços personalizados. Essencialmente, o sistema de reconhecimento facial baseado em DL proposto usa redes neurais sofisticadas para realizar uma análise facial precisa e eficaz, ao mesmo tempo que aborda as dificuldades trazidas pela variedade de contextos IoT. A capacidade do sistema para integrar sem problemas a recolha de dados, o pré-processamento, a identificação facial sofisticada e os protocolos de comunicação torna-o uma escolha fiável para uma variedade de situações da IoT que envolvem o reconhecimento facial [72]

2.6.1 Camada de serviço IoT

Aproveitar o Message Queuing Telemetry Transport (MQTT), um protocolo leve de mensagens de publicação e assinatura, melhora muito a integração do reconhecimento facial no ambiente IoT. A funcionalidade, a segurança e a personalização do sistema são melhoradas de várias formas através desta integração. Utilizando a encriptação Transport Layer Security (TLS)/Secure Sockets Layer (SSL) para salvaguardar os dados transferidos entre dispositivos, o MQTT destaca-se na entrega segura de dados. Isto garante que os dados biométricos privados processados por software de reconhecimento facial e gravados por câmaras estão protegidos contra intrusões. Para proporcionar ainda mais segurança, o MQTT permite métodos de autenticação que confirmam que apenas os dispositivos e aplicações autorizados podem interagir. Para os sistemas de reconhecimento facial, a capacidade do protocolo para tratar dados em tempo real é essencial. As alterações instantâneas de dados são possíveis devido ao paradigma de publicação-subscrição do MQTT. Por exemplo, o MQTT pode transmitir instantaneamente informações para controlos ambientais ou fechaduras inteligentes quando um sistema de reconhecimento facial reconhece uma pessoa. Isto permite respostas rápidas, como a abertura de portas ou a alteração de definições em resposta à pessoa identificada. A eficácia do MQTT estende-se à utilização da largura de banda. Devido ao seu design leve, são entregues menos dados, o que é especialmente útil para gerir grandes quantidades de dados de imagem ou vídeo. Com isto, a latência é reduzida e o desempenho da rede é melhorado. Outra vantagem é a integração harmoniosa. As actividades coordenadas em todo o ecossistema IoT são possíveis graças ao MQTT, que facilita a comunicação perfeita entre câmaras, sistemas de reconhecimento facial e outros dispositivos inteligentes. O desenvolvimento de definições ambientais personalizadas ou a abertura automática de portas com base nas preferências do utilizador são possíveis graças a esta ligação. Além disso, o design escalável do MQTT facilita a expansão dos sistemas IoT, garantindo que o desempenho não se altera à medida que a quantidade de dados e o número de dispositivos aumentam. As implantações de sistemas de reconhecimento facial em grande escala em vastos ambientes inteligentes exigem essa escalabilidade. Além disso, o protocolo facilita aos programadores a integração do reconhecimento facial com outros dispositivos domésticos inteligentes ou de segurança, facilitando a conetividade da Interface de Programação de Aplicações (API). Esta adaptabilidade possibilita a criação de aplicações complexas que utilizam o reconhecimento facial para uma variedade de fins, melhorando a segurança do sistema e a experiência do utilizador. Em conclusão, o MQTT garante uma comunicação segura, eficaz e escalável, o que melhora a integração do reconhecimento facial nos sistemas IoT. À medida que o sistema cresce, proporciona uma forte segurança e velocidade dos dados, para além de actualizações em tempo real, coordenação perfeita dos dispositivos e experiências de utilizador configuráveis [73].

2.7 NECESSIDADE

As ferramentas do utilizador para ajudar na implementação de aplicações de reconhecimento facial são o objetivo da estrutura. É importante ter em conta uma variedade de circunstâncias difíceis, incluindo iluminação irregular, ângulos de câmara e estados de espírito. Para os programadores de software utilizarem como referência para personalizarem as suas aplicações, o pré-requisito inicial do quadro é oferecer uma descrição do sistema de reconhecimento facial completo. Assim, o objetivo do quadro é incluir o maior número possível de cenários [74]. Em segundo lugar, deve haver flexibilidade na estrutura. Por conseguinte, para gerir vários cenários, cada etapa do processo tem de ter muitas versões. Além disso, as caraterísticas de cada variação devem ser explícitas para tornar a escolha mais simples para os programadores. Também discutimos possíveis emparelhamentos de várias iterações para benefício dos programadores. Em terceiro lugar, o modelo tem de ser escalável. A tecnologia de reconhecimento facial continua a evoluir rapidamente; por conseguinte, serão sugeridos novos métodos sofisticados para melhorar a funcionalidade dos sistemas existentes [6]. As futuras modificações ou melhorias devem ser possíveis graças à conceção do quadro.

2.7.1 Requisitos de software

A camada de serviço IoT e a camada de armazenamento na nuvem trabalham em conjunto para facilitar a análise de imagens faciais, fornecendo uma solução abrangente para o processamento e gestão de dados de reconhecimento facial. A configuração de hardware que suporta este sistema inclui 12 GB de RAM, o que garante um desempenho eficiente e multitarefa sem problemas. A capacidade de armazenamento é fornecida por um disco rígido de 1 TB, oferecendo um amplo espaço para grandes conjuntos de dados e ficheiros de aplicações. Um processador CPU Intel(R) Core(TM) i7-4590S com uma velocidade de 3,00 GHz fornece a capacidade de processamento necessária para lidar com cálculos complexos e análises em tempo real. O sistema funciona com o Windows 11 pro, um sistema operativo fiável e seguro para utilização profissional. O MATLAB R2023a é utilizado como a principal ferramenta de simulação, permitindo capacidades avançadas de análise e modelação de dados. Em conjunto, estes componentes fornecem uma plataforma robusta para o processamento e análise eficazes de imagens faciais no ambiente IoT.

2.8 AVALIAÇÃO DO DESEMPENHO

Os algoritmos de deteção e localização de problemas em imagens são avaliados quanto à sua eficácia utilizando recursos computacionais, conjuntos de dados e métricas de desempenho de investigação qualitativa e quantitativa.

2.8.1 Conjunto de dados

Os conjuntos de dados de rostos são necessários para todos os sistemas de reconhecimento e deteção facial para efeitos de treino e teste. Os grandes conjuntos de dados de formação são muito importantes para a precisão das CNN [10]. Por exemplo, a criação de enormes conjuntos de dados como o ImageNet, que inclui mais de 14 milhões de fotografias, tornou possível criar algoritmos precisos de identificação de objectos com aprendizagem profunda. Os conjuntos de dados de reorganização e deteção de rostos foram criados em conjunto com parâmetros de referência como o conjunto de dados Labelled Faces in the Wild (LFW) [15], o conjunto de dados do Face Recognition Dataset and Benchmark (FDDB) e o Mega Face Challenge [18], um subconjunto, oferecem uma técnica para avaliar e classificar a identificação de rostos, a identificação e as tecnologias de reconhecimento com base em imagens reais extremamente difíceis em ambientes sem restrições. A Tabela 2.1 enumera conjuntos de dados notáveis e frequentemente utilizados, juntamente com pormenores sobre a sua dimensão, número de identidades e aplicação pretendida.

Quadro 2.1: Descrição e comparação Elemento do conjunto de dados

Conjuntos de dados	**Imagens**	**Identidades**	**Descrição**
Rostos etiquetados na natureza (LFW) [15]	13.233 imagens	5.749 Identidades	Norma para autenticação facial
MegaFace [18]	1M Imagens	690.000Identidades	Grande base de dados para comparar o protocolo FRUITS
FACE MAIS LARGA [10]	32.203 imagens	393.703 Identidades	Reconhecimento facial com uma variedade de dificuldades
VGG-Face [18]	3.309.742 Imagens	9129 Identidades	Fotos de celebridades num ambiente sem restrições

VGG2-Face [75]	3.310.000 Imagens	9.131 Identidades	Imagens de celebridades obtidas a partir da Pesquisa de Imagens do Google
FERET [76]	2413 imagens	856 Identidades	Utilizado para comparar o funcionamento do método de reconhecimento
MS-Celeb-1M [77]	10.000.000 Imagens	100.000 identidades	Imagens de celebridades juntamente com as variáveis da entidade
Esfoliante facial [78]	141,130 Imagens	695 Identidades	Imagens de celebridades num ambiente sem restrições
CASIA-WebFace [79]	389.678 imagens	5 013 Identidades	Grande base de dados com várias identidades
Conjunto de dados MAFA [80]	30.811 imagens	35.806 Identidades	Máscaras ou rostos obscurecidos como foco principal da deteção de rostos

Poder-se-ia concluir que não há muito espaço para melhorias depois de analisar os resultados dos algoritmos de confirmação de caraterísticas faciais e de reconhecimento efectuados em pequenos conjuntos de dados, como o conjunto de dados LFW [15]. Isto não é verdade: os algoritmos que obtêm resultados excelentes em conjuntos de teste mais pequenos fornecem precisões que são avaliadas em milhões de imagens; não é exatamente o ideal. Em reação ao número excessivo de pequenos conjuntos de dados e padrões de referência, foi desenvolvido o Mega Face Challenge [18]. Fornece um grande conjunto de dados público e um parâmetro de referência que exige que todos os métodos sejam construídos utilizando informações semelhantes e avaliados em milhões de imagens, permitindo uma avaliação imparcial dos métodos sem discriminação associada à utilização de conjuntos de dados privados. Isto resolve a questão dos resultados que não são repetíveis, que é provocada pela utilização de bases de dados isoladas no processo de formação das técnicas CNN de ponta. A incapacidade do conjunto de dados MegaFace [18] para utilizar conjuntos de deteção de idades cruzadas é uma das suas desvantagens, mas os resultados actuais indicam que são possíveis melhorias algorítmicas, com a abordagem mais avançada, ArcFace, a obter as melhores precisões. De forma semelhante, a base de dados MS-Celeb-1M [77] foi desenvolvida para oferecer dados de treino e validação, de modo a que os métodos de reconhecimento facial pudessem ser comparados utilizando um conjunto de referência. No entanto, problemas de anotação e distribuições de cauda longa afectam negativamente tanto a MegaFace [18] como a MS-Celeb-1M [77], mesmo com as vantagens da sua escala. O padrão para a verificação automática de rostos em imagens fixas é por vezes referido como o conjunto de dados LFW [15] e o parâmetro de referência. Os programadores podem resolver componentes difíceis ou desafios relacionados com o reconhecimento facial com grande ajuda de estas variantes. A base de dados e benchmark FERET [76] é uma base de dados mais pequena que foi criada para facilitar a comparação direta de vários algoritmos de reconhecimento facial, realçar técnicas de ponta, identificar abordagens viáveis e indicar áreas que necessitam de mais investigação para fazer avançar as estratégias de identificação facial. Embora estas referências tenham sido bastante úteis até à data, não têm em conta a quantidade substancial de informação de que as técnicas CNN atualmente utilizadas necessitam. Esta é a razão pela qual as técnicas de reconhecimento facial DL estão a ser comparadas utilizando conjuntos de dados muito maiores e referências relacionadas, como a Mega Face [18].

2.8.2 Métricas de desempenho

As medidas biométricas convencionais, taxa de erro (ou % de exatidão), taxa de falsa aceitação (FAR) e taxa de falso reconhecimento (FRR), são consideradas nesta parte para avaliar a exatidão da máquina DL sugerida [81]. Como as medidas FAR e FRR são inversamente proporcionais, em geral, o sistema de reconhecimento tem de ser muito mais rigoroso para os utilizadores não autorizados e um pouco mais rigoroso para os utilizadores autorizados. O limiar é definido de forma a permitir-nos obter uma FAR visivelmente reduzida e uma FRR ligeiramente maior em cada tentativa. O número de classes de imagens (temas) determina quantos neurónios existem no conjunto. Cada neurónio é ensinado a fornecer o valor"$1 + j$" para a classe a que pertence e "0 " para as outras classes. O número de itens no vetor de caraterísticas é igual ao número de nós na camada de entrada.

Um exemplo positivo é uma imagem facial de entrada apresentada a um neurónio relacionado com a sua classe; as imagens de outras classes são consideradas um exemplo negativo para esse neurónio. Um vetor de caraterísticas M-dimensional é retirado de uma imagem facial e entregue a cada neurónio ou rede associada a um sujeito (pessoa) para avaliar a identificação e a reivindicação da imagem. O sistema proposto utiliza uma função discriminante para calcular o erro quadrático entre as saídas reais e ideais.

2.8.3 Classificação da precisão da reorganização da face

Tem-se concentrado na melhoria dos sistemas de reconhecimento facial com base em critérios de exatidão, independentemente dos mais recentes ambientes e tecnologias informáticos. Os ambientes de computação IoT estão agora acessíveis para melhorar o desempenho do reconhecimento facial e reduzir a complexidade temporal [82]. A estrutura sugerida abordará estes problemas e é bem aceite. Utilizando uma variedade de métricas de desempenho, o avaliador de desempenho do classificador atribui uma classificação de verdadeiro positivo (TP), falso negativo (FN), falso positivo (FP) ou verdadeiro negativo (TN) à exatidão do reconhecimento facial. Ao comparar os principais classificadores individuais e o sistema sugerido numa vasta gama, a precisão é a métrica mais intrigante e sensível que pode ser utilizada. As equações utilizadas para os parâmetros métricos são [83]:

$$Accuracy = \frac{TP + TN}{TP + TN + FP + FN} \quad (2.5)$$

$$Error\ rate, Misclassificationrate = \frac{FP + FN}{TP + TN} \quad (2.6)$$

$$Sensitivity, \mathrm{TPR, recall} = \frac{TP}{TP + FN} \quad (2.7)$$

$$Specificity, TNR = \frac{TN}{TN + TP} \quad (2.8)$$

Onde,

- **Verdadeiro negativo (TN):** Pares de rostos que não pertencem à mesma pessoa e que foram corretamente classificados como tal pelo classificador.
- **Verdadeiro positivo (TP):** Pares de rostos que pertencem à mesma pessoa e foram corretamente classificados como tal pelo classificador.

- **Falso positivo (FP):** Pares de rostos que foram incorretamente classificados como pertencendo à mesma pessoa (mas que, na realidade, são de pessoas diferentes).
- **Falsos negativos (FN)**: Pares de rostos que pertencem à mesma pessoa mas que foram incorretamente classificados como não pertencendo à mesma pessoa.

CAPÍTULO 3

ALGORITMO DE APRENDIZAGEM PROFUNDA GSO-CNN

3.1 INTRODUÇÃO

O reconhecimento facial é uma tecnologia biométrica que compara e analisa os traços do rosto a partir de imagens ou vídeos para identificar ou autenticar pessoas. Utiliza algoritmos para identificar e quantificar caraterísticas distintivas do rosto, como a separação entre os olhos, o comprimento do nariz e a forma da linha do maxilar. A tecnologia é utilizada em inúmeras aplicações, como sistemas de segurança, aplicação da lei e autenticação de dispositivos pessoais. A tecnologia de reconhecimento facial proporciona comodidade e maior segurança, mas também levanta sérios problemas de privacidade e possíveis preconceitos. Consequentemente, são iniciadas conversações sobre a utilização adequada e medidas legislativas para salvaguardar os direitos dos indivíduos e evitar a exploração. Inicialmente, o conjunto de dados LFW recolhido foi carregado. O pré-processamento foi efectuado através da aplicação de um filtro Gaussiano para reduzir o ruído e suavizar as imagens. Subsequentemente, foi executado o método Histograma de Gradientes Orientados (HOG), seguido da segmentação da imagem, em que a região relevante de uma imagem foi extraída utilizando a Região de Interesse (ROI). O ponto de interesse espácio-temporal (STIP) é utilizado para extrair caraterísticas. O SURF e o GLCM são então utilizados no processo de seleção de caraterísticas. Em seguida, realizar a classificação usando técnicas de Galactic Swarm Optimization (GSO) baseadas em aprendizagem profunda e detetar a expressão facial. Esta dissertação classificou a CNN profunda para reconhecimento facial num ambiente IoT. A Figura 3.1 mostra a arquitetura proposta para o algoritmo. Conforme listado abaixo, várias etapas atingem os principais objectivos propostos para o nosso trabalho.

- Pré-processamento de imagens
- Segmentação de imagens
- Extração de caraterísticas
- Reconhecimento e classificação de rostos

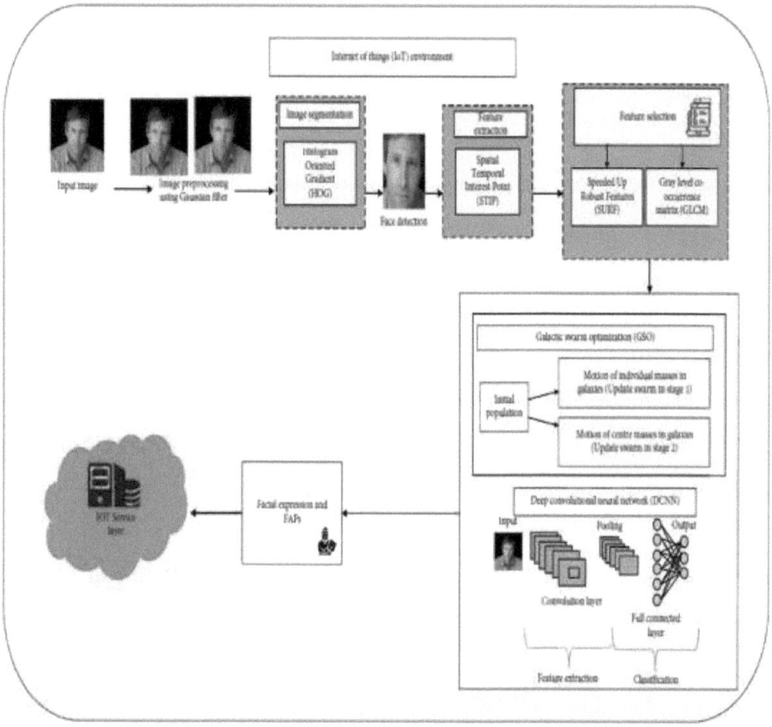

As secções seguintes abordam cada uma das acima referidas

Figura 3.1: Arquitetura proposta

3.1.1 Pré-processamento de imagens com filtro Gaussiano

Para efeitos de pré-processamento, o filtro Gaussiano é aplicado para eliminar o ruído através da suavização da imagem. Pode ser gerado um kernel utilizando o filtro Gaussiano passa-baixo que se baseia na equação Gaussiana de [81]

$$H(x,y) = \frac{1}{\sqrt{2\pi\sigma^2}} e^{-\frac{x^2+y^2}{2\sigma^2}} \quad (3.1)$$

O grau de suavização aplicado pela distribuição Gaussiana é controlado pela dispersão (o seu desvio padrão)σ. O nível de suavização, bem como os detalhes visuais, como arestas e limites, melhoram com quantidades crescentes deσ^2. Uma máscara de convolução é produzida multiplicando um conjunto de pixels de imagem pela matriz correspondente de pixels para executar a convolução utilizando o kernel. Tanto o kernel como o coeficiente diminuem de tamanho quando o kernel está longe do seu centro. Uma vez que a distribuição gaussiana é diferente de zero em todo o lado, é necessário um kernel arbitrariamente grande, pelo que as matrizes de máscaras de kernel de tamanhos diferentes têm padrões numéricos diferentes. O filtro Gaussiano foi obtido para este efeito utilizando a seguinte função. O filtro Gaussiano é amplamente utilizado no pré-processamento de imagens e na visão computacional. As arestas e as caraterísticas significativas são preservadas enquanto o ruído é reduzido e as imagens são suavizadas. O filtro gaussiano converte a imagem dada pela equação de um núcleo gaussiano e baseia-se na distribuição gaussiana.

Uma imagem é filtrada utilizando um núcleo Gaussiano que é envolvido com a imagem. Para produzir o núcleo Gaussiano, a função Gaussiana é avaliada em várias posições numa matriz com a origem no centro. O processo de convolução é então efectuado utilizando o núcleo obtido. A convolução torna possível a suavização gaussiana, e os operadores gaussianos são operadores de convolução. É um operador de convolução 2D utilizado para reduzir o ruído e suavizar a imagem.

3.1.2 Histograma de Gradientes Orientados (HOG)

Uma região de interesse localiza a área alvo numa imagem pré-processada, separando as áreas relevantes. Os descritores HOG são amplamente utilizados na análise de imagens e na visão artificial devido ao seu bom desempenho no reconhecimento de rostos. Os descritores HOG podem determinar a textura e a forma, caracterizando a informação dos bordos através da distribuição do gradiente da imagem local. As unidades de computação HOG incluem a célula e o bloco. Primeiro, a imagem foi dividida em células individuais. Em segundo lugar, os histogramas são construídos a partir de grupos de células. O descritor de forma é o histograma final com a média de todos os blocos. A extração de caraterísticas HOG é apresentada na Figura 3.2. Isto pode ser efectuado em três passos.

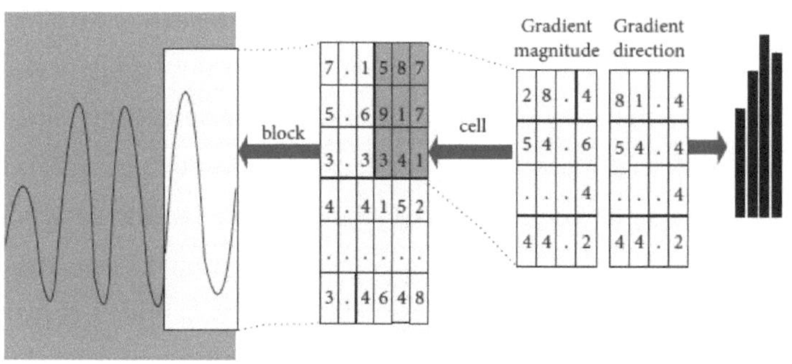

Figura 3.2: Processo de extração de caraterísticas HOG

Passo 1: Cálculo do gradiente

O cálculo dos gradientes horizontal e vertical é necessário para obter o histograma do gradiente. Assumindo que o pixel se encontra nas coordenadas $(z, w\,)$ e que o seu valor em tons de cinzento é denotado pelo símbolo $h(y, x)$. O gradiente horizontal $Hz(z, w)$ e o gradiente vertical$Hw(z, w)$, respetivamente, são dados pelas equações [83]

$$Hz(z, w) = h(z + 1, w) - h(z - 1) \quad (3.2)$$

$$Hw(z, w) = h(z, w + 1) - h(z, w - 1) \quad (3.3)$$

Em seguida, a intensidade do gradiente e a polarização direcional do gradiente são dadas pelas seguintes equações [83]:

$$N(z,w) = \sqrt{Hz(z,w)^2 + Hw(z,w)^2} \quad (3.4)$$

$$C(z,w) = arctan(Hw(z,w)/Hz(z,w)) \quad (3.5)$$

Etapa 2: Voto de orientação

As orientações, sejam elas assinadas ou não assinadas, são divididas em$L$ categorias. Em seguida, utilizamos a direção do gradiente do pixel para estabelecer os seus compartimentos de orientação. Por fim, o peso de cada caixa na votação determina o valor do gradiente do pixel. Para o pixel com coordenadas (x,y) , podemos escrever $N(x,y)$ para o valor do gradiente e$C(y,x)$ para a direção do gradiente nas seguintes equações [84]

$$e_{bin(j)} = N(x,y) \times (C(x,y) - bin(j)/K_{bin} \quad (3.6)$$

$$e_{bin(j+1)} = N(x,y) \times (bin(j+1) - C(x,y))/K_{bin} \quad (3.7)$$

em quebin é a magnitude de cada direção em graus, indicada porK_{bin} para posições não assinadas =180° /K_{bin} e assinadas ,$K_{bin} = 360^{\circ}/KK_{bin}f$, representa o valor ponderado atribuído à orientação $K_{bin(j)}$ pelo pixel (x,y), e $bin(j) \leq C(x,y) < bin(j+1)$ são duas posições próximas [83].

Todos os valores de gradiente dos pixels de uma célula são então votados em compartimentos que correspondem às direcções em que se movem. É assim que o histograma de gradientes em vários valores se torna uma estatística descritiva.

Passo 3: Histograma de combinação

O histograma de cada célula é combinado num único vetor que representa todo o bloco. Assim, o comprimento do descritor de caraterísticas final de toda a imagem é

$$((b-a)/b+1) \times ((b-a)/a+1) \times a^2 \times L$$

O número de blocos é . $(b-a)/b+1) \times ((b-a)$Assume-se que a imagem está segmentada em$a \times a$ células, que cada bloco tem$b \times b$ células e que não existe qualquer sobreposição entre elas. O Histograma de Gradientes Orientados, ou HOG, é a técnica mais bem sucedida de reconhecimento de objectos no processamento de imagens que utiliza identificadores de caraterísticas. Essencialmente, uma única imagem é dividida em pequenas áreas ligadas, conhecidas como células, e é calculada uma orientação HOG para cada célula. Os pesos de gradiente são fornecidos a cada bin angular por cada pixel na célula. Os blocos são áreas geográficas constituídas por agrupamentos de células adjacentes. A construção de células em blocos é a base para a categorização e padronização de histogramas. Esta abordagem gera maior invariância a variações de luminosidade ou sombra.

3.1.3 Extração de caraterísticas utilizando o ponto de interesse espácio-temporal

A ideia básica do STIP é extrair dados espaciais e temporais para o reconhecimento facial e, ao mesmo tempo, utilizar abordagens teóricas para determinar as propriedades estatísticas de um item, atributos de baixo nível e o seu contexto no ambiente IoT. Cada imagem de entrada é processada para extrair informações espaciais, que serão utilizadas para representar as principais caraterísticas. São escolhidos pontos específicos (chamados pontos de interesse) para a extração de caraterísticas com base em variações espaciais significativas, uma vez que estas áreas apresentam as maiores alterações de intensidade ou textura ao longo da imagem. As secções seguintes detalham os passos necessários para identificar estes pontos de interesse e recolher caraterísticas relevantes. A Figura 3.3 mostra o ponto de interesse espácio-temporal da imagem.

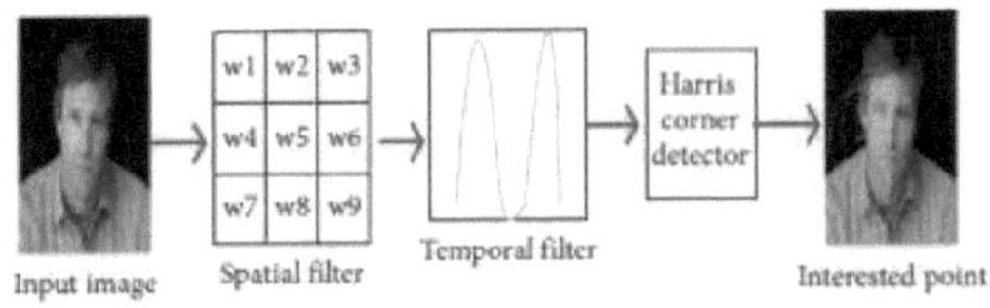

Figura 3.3: Ponto de interesse espácio-temporal da imagem

A representação em escala linear$E(z,y,\sigma_u^2)$ para uma imagem de entrada $U(z,w,s)$ é dada pela convolução de um núcleo gaussiano$H(z,w,\sigma_u^2)$ com$U$ como indicado na equação. Esta é uma função ou um valor antecipado que envolve as variáveisz,y, e os parâmetrosσ_u^2 e τ_u^2 . O valor de σ_u^2 pode indicar variações nos termos de erro ou perturbações num modelo. Depende das variáveisz,w,s. Pode representar um elemento do modelo ou uma estrutura subjacente que depende de determinadas variáveis. De acordo com a equação, o valor antecipado$E$ é o resultado da multiplicação de duas funções, nomeadamente$U$ eH , como indicado na seguinte equação [84]

$$E(z,y,\sigma_u^2) = U(z,w,s) \circledast H(z,w,\sigma_u^2) \quad (3.8)$$

Os desvios espaciais são denotados porσ_u^2 , enquanto$\circledast$ representa um operador de convolução. Encontrar pontos onde$U$ varia significativamente nas três dimensões é o objetivo do detetor de cantos de Harris. A matriz de segundo momento s é convolucionada com uma função gaussiana$h(z,w,\sigma_u^2\tau_u^2)$ de variância espacial para encontrar estas posições utilizando a seguinte equação:

$$T = h(z,w,\sigma_u^2) * \begin{bmatrix} E_Z^2 & E_zE_w & E_zE_s \\ E_zE_w & E_w^2 & E_wE_s \\ E_zE_s & E_wE_s & E_s^2 \end{bmatrix} \quad (3.9)$$

Na medida em que as derivadas de segunda ordem podem ser expressas como

$$\begin{array}{lll} E_Z^2 = \dfrac{\partial^2 E}{\partial Z^2} & E_w^2 = \dfrac{\partial^2 E}{\partial w^2} & E_s^2 = \dfrac{\partial^2 E}{\partial s^2} \\ E_zE_w = \dfrac{\partial}{\partial z}\left(\dfrac{\partial E}{\partial W}\right) & E_wE_s = \dfrac{\partial}{\partial w}\left(\dfrac{\partial E}{\partial s}\right) & E_zE_s = \dfrac{\partial}{\partial z}\left(\dfrac{\partial E}{\partial s}\right) \end{array} \quad (3.10)$$

A fórmula em que$H$ é uma função de três variáveis$\lambda_1, \lambda_2, and\lambda_3$. Nesta equação, $\lambda_2, and\lambda_3$ são provavelmente valores próprios ou parâmetros relacionados com um sistema, e n é um coeficiente ou constante. Os termos$\lambda_1, \lambda_2, and\lambda_3$ representam o produto destas variáveis, enquanto$n(\lambda_1+\lambda_2+\lambda_3)^2$ representa um quadrado escalonado da sua soma, subtraindo este valor do produto para determinar$H$, como se mostra [84]

$$H = \lambda_1\lambda_2\lambda_3 - n(\lambda_1+\lambda_2+\lambda_3)^2$$
(3.11)

Em torno destas localizações de interesse detectadas, os dados visuais são recuperados utilizando caraterísticas locais, como um histograma de gradientes orientados (HOG), conhecidos em conjunto como pontos de interesse espácio-temporais (STIP) descritores.

Tabela 3.1: Extração de caraterísticas

Caraterísticas das cores e da intensidade	**Valor**
Intensidade mínima	117.3752
Intensidade máxima	238.8726
Skewness	0.1295

Curtose	0.0149
Energia	0.181
Caraterísticas do rebordo	
Área	105.8156
Perímetro	0.055
Densidade	587.0447
Solidez	0.7312
Caraterísticas de textura	
Média	63.0414
Desvio	2.54E+03
Desvio padrão	50.5437
Entropia	6.8132
Homogeneidade	0.922
Compacidade	0.7235

3.1.4 Extração de caraterísticas

A extração de caraterísticas no reconhecimento facial envolve a identificação das caraterísticas faciais mais relevantes para uma identificação precisa, excluindo as irrelevantes. Este processo melhora a eficiência e a precisão do modelo reduzindo a dimensionalidade, minimizando o ruído e concentrando-se em atributos-chave como pontos de referência faciais, expressões ou identificadores únicos.

A. SURF

Embora a abordagem SURF partilhe alguns pontos em comum com a estrutura SIFT, adopta um conjunto de princípios ligeiramente distintos. Existe, no entanto, uma dependência das abordagens tradicionais do espaço de escala para a deteção de pontos caraterísticos. Como uma matriz Hessiana na escala, as coordenadas (z, w) na imagem são definidas como na equação :

$$G = \begin{bmatrix} K_{zz}(\hat{z},\sigma)K_{zw}(\hat{z},\sigma) \\ K_{zw}(\hat{z},\sigma)K_{ww}(\hat{z},\sigma) \end{bmatrix}$$

(3.12)

Quando J = (z, w) é convolvido com a função de filtragem gaussiana$h(\sigma) = \frac{1}{2\pi\sigma^{2^e}} e^{-\frac{z^2+w^2}{2a^2}}$, a função resultante é a segunda derivada do filtro, cujo significado é análogo ao de , .$K_{zw}K_{ww}$

A velocidade de cálculo foi aumentada substituindo o filtro Gaussiano de segunda ordem por uma aproximação do filtro de caixa e acelerando a convolução utilizando a imagem integral. No original, a expansão da caixa cria uma imagem em pirâmide com escalas variáveis. Os valores do modelo de filtro quadrado , $C_{zz}C_{zw}$, e C_{ww} podem variar significativamente dependendo da complexidade da estrutura da imagem. Além disso, determinou-se que a expressão para o determinante da matriz Hessiana é dada pela equação [84]:

$$\Delta G = C_{zz}C_{ww} - (0.9C_{zw})^2$$

(3.13)

São utilizados métodos semelhantes ao SIFT para construir estruturas de imagem a diferentes escalas. A matriz Hessiana é utilizada para detetar pontos-chave a diferentes escalas, aplicando filtros de caixa de tamanho N*N, em que o tamanho do filtro aumenta com a escala.

Com o ponto da caraterística como origem, rodamos o eixo de coordenadas para a direção principal e depois escolhemos a região quadrada de 20 por 20 unidades. No sistema de coordenadas, seleciona-se uma região quadrada com 20 unidades de comprimento em cada lado. Esta região é definida relativamente ao sistema de coordenadas rodado. O espaço da janela é dividido em 64 segmentos de píxeis quadrados e a resposta wavelet no intervalo de 5s*5s (s representa o tamanho do passo de amostragem) é calculada para cada sub-região relativamente ao Haar horizontal e vertical na direção principal. Para tornar o valor da resposta mais resistente às modificações geométricas, é registado como uma soma ponderada de dois coeficientes wavelet,c_z , ec_w . Os vectores de cada região são assim compostos por elementos de quatro dimensões na equação [84]

$$Y_{sub} = (\sum c_z , \sum |c_z| , \sum c_w , \sum |c_w|)$$
(3.14)

Isto é conseguido através da criação de um vetor de descrição normalizado, independente da iluminação e de 64 dimensões para cada ponto de caraterística. Os passos envolvidos no algoritmo SURF são:

a) Obter a imagem de entrada.
b) Localização do ponto de deteção significativo: A deteção de bolhas identifica e regista os pontos que são significativos dentro da matriz Hessiana.
c) Caracterização dos atributos: as caraterísticas são descritas utilizando respostas de wavelet Haar.
d) Correspondência das caraterísticas: os descritores de pontos-chave de diferentes imagens são comparados para encontrar correspondências, identificando objectos ou áreas semelhantes ou idênticos nas imagens. Identificação dos objectos: Em seguida, o objeto pertinente é encontrado.

Detetar os objectos: Em seguida, abordar o objeto apropriado que foi detectado.

B. Matriz de Coocorrência de Nível Gary (GLCM)

O pixel de interesse e os seus vizinhos podem ser caracterizados pela sua relação de distância e ângulo, utilizando uma técnica denominada matriz de coocorrência de nível de cinzento (GLCM). A distribuição repetida cria textura na posição espacial, pelo que a distância e o ângulo entre dois pixéis são cruciais.

O valor de coocorrência representa a frequência com que dois pixels com níveis de cinzento específicos ocorrem a uma dada distância (c) e ângulo(θ) do pixel de interesse(c_z, c_w), em que$J(m,n)$ é o pixel na posição (m,n). A D_N , ou matriz de coocorrência, é definida pelas seguintes equações [85]

$$D_N = \sum_{m=1}^{l} \sum_{n=1}^{l} \begin{cases} 1 \; if J(m,n) = l \; and \; J(m+c_z, n+c_w) = l \\ 0 \quad else \end{cases} \tag{3.15}$$

$$c_z = c.\cos(\theta)\,, c_w = c.\sin(\theta) \tag{3.16}$$

A Figura 3.4 e a Tabela 3.2 mostram as relações entre as distâncias e os ângulos das imagens. O Algoritmo 3.1 descreve o GLCM.

Algoritmo 1: GLCM

```
Entrada: Imagem.
Saída: Caraterísticas do vetor de textura.
Começar
Passo 1: Obter a matriz GLCM para a distância c=1 ao
longo de qualquer uma das quatro direcções (0, 45, 90,
135), utilizando o método adequado.
Passo 2: Aplicar o procedimento de normalização para
cada matriz GLCM.
Passo 3: Para cada matriz GLCM específica da direção:
Passo 3-1: As caraterísticas da textura podem ser
calculadas utilizando as suas fórmulas.
Passo 3-2: Colocar os resultados dos cálculos num
vetor.
Fim
```

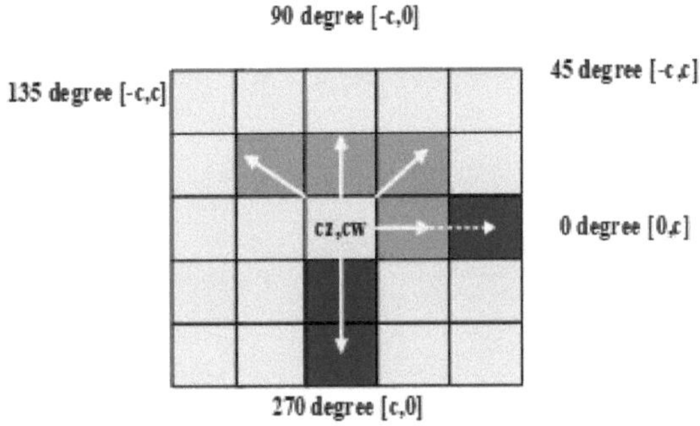

Figura 3.4: Interações de distância e ângulo entre a imagem de interesse e o ambiente

Tabela 3.2: Expressão do ângulo das distâncias em graus

S.N.	Distância expressa (c)	Grau de ângulo
1.	0	0°
2.	-c,c	45°
3.	-c,0	90°
4.	-c,c	135°
5.	c,0	270°

As propriedades do GLCM utilizadas neste estudo, incluindo o contraste, a homogeneidade, a correlação e a energia, são apresentadas nas equações [85] :

$$f_{contrast}^{\theta} = \sum_{j=1}^{K} \sum_{i=1}^{K} (j-i)^2 D_N) \quad (3.17)$$

$$f_{homogenity}^{\theta} = \sum_{j=1}^{K} \sum_{i=1}^{K} \frac{D_N}{1+|j-i|} \quad (3.18)$$

$$\underset{correlation}{\overset{\theta}{f}} = \sum_{j=1}^{K}\sum_{i=1}^{K} D_N \left[\frac{(j-\mu_j)(i-\mu_i)}{\sqrt{(\sigma_j)^2(\sigma_i)^2}}\right]$$

(3.19)

$$\underset{energy}{\overset{\theta}{f}} = \sum_{j=1}^{K}\sum_{i=1}^{K}(D_N)^2$$

(3.20)

$$\mu_z = \sum_{j=1}^{K}\sum_{i=1}^{K} zD_N, (\sigma_z)^2 = \sum_{j=1}^{K}\sum_{i=1}^{K} D_N(z-(\mu_z))^2$$

(3.21)

Aquiσ_z é o desvio padrão do GLCM e μ_z é a variância do GLCM. O GLCM, que capta caraterísticas texturais estatisticamente significativas, é utilizado para escolher as caraterísticas adequadas depois de a fronteira ter sido marcada. O número total de níveis de cinzento (G) numa imagem é determinado pela profundidade de bits da imagem, que está relacionada com a gama dinâmica global da imagem e não apenas com o número de colunas e linhas. Os graus de cinzento I e J podem ser modificados ajustando o espaçamento entre pixels e o brilho para uma determinada vizinhança. Os GLCMs são extremamente sensíveis à quantidade de dados texturais utilizados para os prever, devido à sua enorme dimensionalidade. Assim, existem frequentemente menos níveis de cinzento.

3.1.5 Classificação do reconhecimento facial

A classificação de reconhecimento facial é o processo de utilização de algoritmos para identificar e categorizar indivíduos com base nas suas caraterísticas faciais. A identificação de pontos de referência faciais importantes, a remoção de caraterísticas distintivas e a comparação dos resultados com uma base de dados de rostos reconhecidos são normalmente etapas do processo. Este método é normalmente utilizado em sistemas de autenticação de utilizadores, redes sociais e segurança para identificar e validar identidades com precisão.

3.1.5.1 Otimização por enxame galáctico (GSO)

O Galactic Swarm Optimization é um método de otimização inspirado em manadas de animais, estrelas, galáxias e outros fenómenos naturais. Na segunda fase, os melhores desempenhos de cada subpopulação formarão um novo super enxame, e o algoritmo GSO devolverá o líder deste enxame, apresentando a solução óptima descoberta na população inicial (tal como o algoritmo PSO converge para uma solução óptima após iterações).

O GSO seleciona os parâmetros de peso ideais e ajusta dinamicamente as definições em conjunto com o DCNN. Este algoritmo é inspirado nas estrelas e galáxias movidas pela gravidade. O GSO funciona em duas fases: exploração e aproveitamento. Durante a exploração, as partículas da subpopulação percorrem o espaço vetorial em busca de uma solução ideal. Na fase de exploração, a solução mais apta dentro de uma subpopulação move-se em direção à melhor solução global. Estas subpopulações representam galáxias com grandes massas pontuais de super-aglomerados, e o super-aglomerado é formado pela agregação destas galáxias. Inicialmente, o GSO divide as partículas em M sub-swarms, à semelhança da forma como o PSO é efectuado em cada sub-swarm. As actualizações da velocidade e da posição são calculadas utilizando equações específicas:

$$U_i(l) \leftarrow J_{V1}U(l) + D_1S_1\left(Q_{zi}(l) - f_i^{(l)}\right) + D_2S_2\left(H_z(l) - f_i^{(l)}\right)$$
(3.22)

$$f_i^{(l)} \leftarrow f_i^{(l)} + U_i(l) \qquad (3.23)$$

$U(l)$ Indica a velocidade atual, $Q_{zi}(l)$ representa o melhor pessoal para a partícula $f_i^{(l)}$, e $H_z(l)$ representa a solução global do subgrupo. A trajetória das abordagens mundial e local mais adequadas é indicada por D_1 e D_2 , o peso de inércia é J_{V1} , e S_1 e S_2 são dados pelas seguintes equações [86] :

$J_{V1} = 1 - \frac{n}{t_1 + 1}$

(3.24)

$S_1 = \cup\, (-1,1)$

(3.25)

Onde Iw1 é o peso de inércia,m é o número de iteração atual entre 0 e t_1 , e $S_1 and\ S_2$ são números aleatórios. Os melhores globais das fases subsequentes são agrupados para formar super-agrupamentos. A equação abaixo descreve o super-agrupamento W criado pela combinação das melhores globais da equação dos sub-agrupamentos Xk

$$w^{(l)} \epsilon\, W: l = 1,2,3, \ldots, M \quad (3.26)$$

$$w^{(l)} = H_z(l) \quad (3.27)$$

O segundo nível, tal como o primeiro, utiliza a base PSO para calcular a posição e a velocidade das partículas, mas as equações foram ligeiramente modificadas neste nível, como se verá nos exemplos seguintes.

$U(l) \leftarrow U_{w_2}(l) + D_3 S_3 \left(Q_j(l) - w^{(l)}\right) + D_4 S_4 \left(H_j - w^{(l)}\right)$

(3.28)

$w^l \leftarrow w^l + U(l)$

(3.29)

Neste nível, $Q_j(l)$ representa a melhor solução pessoal, D_3 e D_4 representam as constantes de aceleração e H_j representa a melhor solução global. As equações utilizadas no nível 1 são utilizadas para estimar , $U_{w_2} S_3$, eS_4 . Melhora a exploração, uma vez que o super enxame é examinado no maior global através do sub enxame. O super-enxame explora a informação calculada utilizando a melhor solução determinada pelos sub-enxames. Para melhorar os resultados, os parâmetrosD_3 eD_4 devem ser ajustados dinamicamente durante a execução de . Os parâmetros adaptativosD_3 eD_4 para o reconhecimento facial são expressos nas seguintes equações:

$$D_3 = \frac{\sum_{i=1}^{S_{D3}} \mu_i^{D_3}(D_{3i})}{\sum_{i=1}^{S_{D3}} \mu_i^{D_3}}, D_4 = \frac{\sum_{i=1}^{S_{D4}} \mu_i^{D_4}(D_{4i})}{\sum_{i=1}^{S_{D4}} \mu_i^{D_4}} \quad (3.30)$$

EnquantoS_{D3} eS_{D4} representam a regra completa deste sistema de reconhecimento facial,D_{3i} eD_{4i} são as especificações do resultado de saída para a regra$i$ e ,$\mu_i^{D_3} and \mu_i^{D_4}$ são as funções de filiação para a regra$i$. O pseudocódigo do GSO é descrito no Algoritmo 3.2.

Algoritmo 3.2: Pseudocódigo para GSO

Entrada

Inicialização da Fase 1:$y_i^j, u_i^j q_i^j, h^j$ dentro do$[y_{min}, y_{max}]^S$ de forma aleatória.

A fase 2 é gerada para avaliar a fase 1:y^j, q^j, h^j uniformemente dentro do . $[y_{min}, y_{max}]^S$

Para FQ← 1 a FQ_{max}

Iniciar a PSO: Fase 1

$for\ i \leftarrow 1\ toN$ **fazer**

$for\ L \leftarrow 0\ toK_1$ **fazer**

$for\ j \leftarrow 1\ toM$ **fazer**

$u^j \leftarrow \omega_2 u^i + D_3 S_3(q^j - x^i) + D_4 S_4(h - x^i) + D_2 S_2(h^{(j)} - y_j^{(i)});$

$y_j^{(i)} \leftarrow y_j^{(i)} + u_i^{(j)};$

$q_i^{(j)} \leftarrow y_j^{(i)};$

Fim de $e(y_j^{(i)}) < e(h^{(j)})$

$then\ h^{(j)} \leftarrow q_i^{(j)}$

Fim se $e(h^{(j)}) < e(h)$

$then\ h \leftarrow h^j$

Fim para

Iniciar a PSO: Fluxo da Fase 2 com a Fase 1

$for\ j \leftarrow 1\ toN$

$for\ L \leftarrow 0\ to\ K_1$**fazer**

$for\ i \leftarrow 1\ to\ M$**fazer**

$u^j \leftarrow \omega_2 u^i + D_3 S_3(q^j - x^i) + D_4 S_4(h - x^i)$

$x^i \leftarrow x^i + u^i$

Fim se $e(u^i) < e(q^i)$
then $q^i \leftarrow x^i$
Fim se $e(q^i) < e(h)$
then $h \leftarrow q^i$
Fim para
Saída $h, e(h)$

3.1.5.2 Rede neural de convolução profunda (DCNN)

As imagens de computador são feitas de pixéis. Expressam dados visuais em binário. O valor do pixel determina o brilho e a cor do pixel. Quando um ser humano vê uma imagem pela primeira vez, processa uma grande quantidade de informação.

A. Camada de convolução

O reconhecimento facial utiliza diferentes núcleos convolucionais, e a camada convolucional da CNN profunda recebe a saída da camada superior. O método de retropropagação afina os parâmetros de cada unidade convolucional em cada camada da rede neural convolucional. A operação de convolução separa os componentes de entrada. A camada de convolução inicial pode não detetar caraterísticas simples, como linhas e cantos. Mais camadas da rede permitem a extração recorrente de informações complicadas a partir de outras mais simples. A Figura 3.5 representa a camada convolucional.

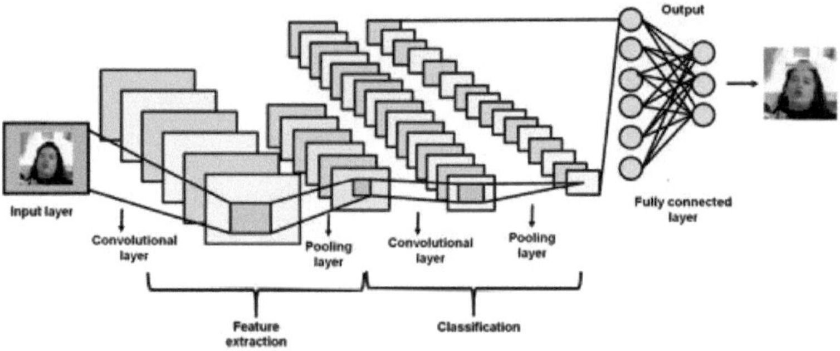

Figura 3.5: convolucional

B. Camada de normalização de lotes

Normaliza a saída da camada de convolução, ajustando e escalando as activações. Também acelera a formação e estabiliza o processo de aprendizagem, reduzindo a deslocação das covariáveis internas .

C. Camada de pooling

O mapa de caraterísticas do modelo de rede pode ser reduzido em tamanho com a utilização de uma técnica de subamostragem não linear denominada camada de pooling. Um padrão composto por muitas caraterísticas pode ser extraído para uma única caraterística e o mapa de caraterísticas seguinte pode ser construído através da convolução de um conjunto de mapas de caraterísticas existentes. O mapa de caraterísticas é então envolvido e fundido para produzir um mapa mais complexo. Na CNN profunda, a camada de agrupamento recebe a entrada da camada anterior e faz uma subamostragem de todos os gráficos de caraterísticas, o que resulta em grandes diminuições nos gráficos de caraterísticas de entrada. Se a camada de pooling utilizar uma amostragem uniforme e um tamanho de amostragem de 1 × 2, a equação [87]:

$$w_{pq} = \frac{1}{s1s_2} \sum_{l=q}^{s_1-1} \sum_{k-1}^{s_2-1} z_{p^* s_{1+q^* s_{2+k}}} \tag{3.31}$$

Após uma camada de pooling, os valores de entrada e de saída são designados por$z$ ew , respetivamente. Uma rede segmenta as imagens de caraterísticas de cada camada em regiões de tamanho pré-determinado e, em seguida, determina a média dos valores em cada secção.

O mapa de caraterísticas numa DCNN é o mapeamento das caraterísticas da imagem de entrada para o núcleo de convolução e a função de ativação na camada convolucional. O grupo da rede de caraterísticas, criado pela sobreposição de caraterísticas de vários núcleos convolucionais, representa várias caraterísticas da imagem de entrada na equação

$$z_l^i = e\left(\sum_{l=1}^{q_k^{l-1}} b_{l,k} \otimes z_k^{i-1} + c_k^i\right) \quad (3.32)$$

Adicionar o termo de polarizaçãoc após a convolução. Aqui está a equação usada para determinar a saída neural dada uma função de ativação não linear: O gráfico de caraterísticak^{th} da polarização aditiva da camada atual é representado por c_k^i . Enquanto e é a função de ativação, c_k^i é normalmente inicializado em 0 no início.

O nível de agrupamento é também conhecido como nível de amostragem descendente. Ao comprimir os dados, o nível de agrupamento mantém o número de mapas de caraterísticas, reduzindo o espaço de armazenamento. Também é possível manter invariantes a translação e a escala do modelo de rede. Os dois métodos de agrupamento mais utilizados são o máximo e o médio, que são básicos na metodologia. O procedimento de pooling máximo difere da operação de pooling médio na medida em que o maior valor de pixel deve ser registado durante a operação. A localização do valor máximo é registada para utilização durante a retropropagação.

D. Unidade de ativação

Aplica uma função de ativação de Unidade Linear Retificada (ReLU) para introduzir a não-linearidade no modelo. O objetivo da RelU Ajuda a rede a aprender padrões complexos através da adição de não linearidade. É dada pela seguinte equação.

$$e(z) = \max(0, z)$$

(3.33)

Os resultados desta análise mostram que a função ReLU melhora a eficiência de reconhecimento e aprendizagem da rede. É por isso que a maioria das redes neurais utiliza a função de ativação ReLU.

E. Camada totalmente ligada

Após as camadas convolucionais e de agrupamento, as DCNN têm uma ou mais camadas totalmente ligadas antes da camada de saída. Numa camada de ligação total, todos os neurónios comunicam com os seus vizinhos na camada abaixo deles, mas não entre si. As funções dos neurónios são comparáveis às redes neuronais humanas; recebem entradas e saídas. Na aprendizagem automática, um neurónio é uma função matemática que recebe simplesmente uma entrada e produz uma saída. Um classificador, uma camada de ligação completa, melhora o mapeamento não linear da rede neuronal e o tamanho da rede. A sua expressão matemática

$$\emptyset_k^i = e\left(\sum_{l=1}^{q} z_l^{(i-1)} . b_{kl}^{(i)} + c_k^{(i)}\right) \tag{3.34}$$

Aqui i é o número de camadas nesse momento.

O método utilizado para determinar o tamanho de uma camada oculta numa rede neuronal é o seguinte, nas equações [87]:

$$a_1^{(2)} = e\left(b_{11}^{(1)} z_1 + b_{12}^{(1)} z_2 + b_{13}^{1} z_3 + b_1^{(1)}\right)$$

$$a_2^{(2)} = e\left(b_{21}^{(1)} z_1 + b_{22}^{(1)} z_2 + b_{23}^{1} z_3 + b_2^{(1)}\right)$$

$$a_1^{(2)} = e\left(b_{31}^{(1)} z_1 + b_{32}^{(1)} z_2 + b_{33}^{1} z_3 + b_3^{(1)}\right)$$

$$g_{b,c}(z) = e\left(b_{11}^{(1)} a_1^{(2)} + b_{12}^{(1)} a_2^{(2)} + b_{13}^{(1)} a_3^{(2)} + b_1^{(1)}\right)$$

(3.35)

As equações tornam-se mais compreensíveis devido à sua expressão simplificada. Em particular, a fórmula para calcular a unidade da camada 2 pode ser escrita da seguinte forma, com símbolos que indicam os pesos combinados da entrada da camada 1, a unidade da camada 2 e os itens de compensação:

$$g_l^2 = \sum_{k+1}^{q} b_{lk}^{(1)} z_k + c_l^{(1)}, a_l^{(2)}$$

$$= e\left(x_l^{(2)}\right) \qquad (3.36)$$

$$e([g_1, g_2, g_3]) = [e(g_1), e(g_2), e(g_3)]$$

(3.37)

Os parâmetros podem ser descritos como matrizes, e a expressão expandida da função de excitação pode ser escrita como um vetor. O método de propagação progressiva da rede neuronal contém um conjunto de equações que podem ser utilizadas para calcular a entrada e a saída de uma rede neuronal com uma única camada oculta. Os algoritmos de propagação para a frente baseiam-se fortemente em encontrar o valor de excitação intermédio que corresponde a cada camada, como mostram as seguintes equações [87]

$$g^{(i+1)} = b^{(1)} a^{(1)} + c^{(1)}$$

(3.38)

$$a^{(1+1)} = e\left(x^{i+1)}\right)$$

(3.39)

F. Camada SoftMax

Produz uma distribuição de probabilidade normalizada para classificação.

G- Camada de classificação

A camada final da rede. Atribui um rótulo de classe previsto com base nas probabilidades produzidas pela camada softmax.

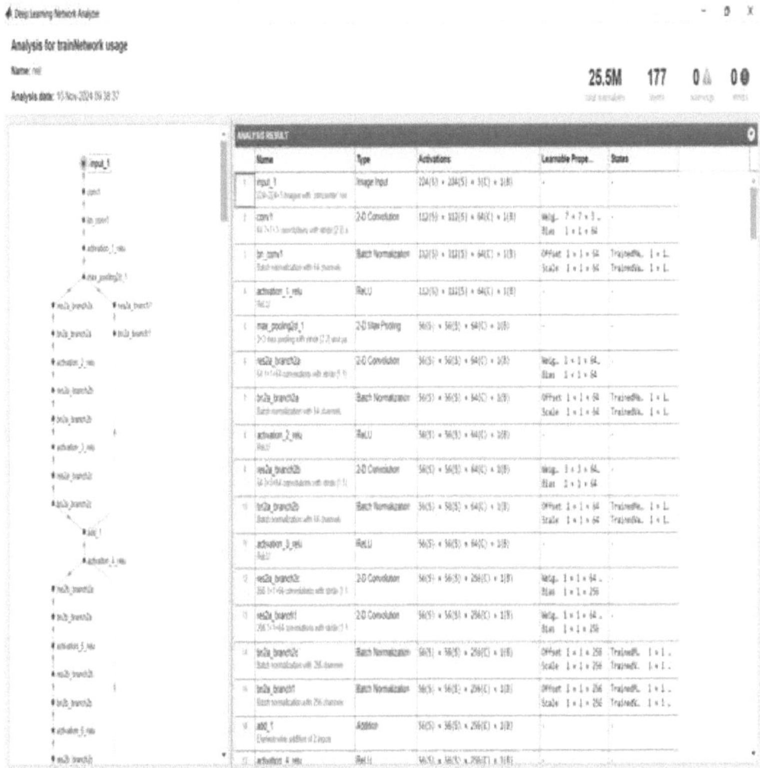

Figura 3.6: Analisador de redes de aprendizagem profunda

A arquitetura profunda da ResNet-50 pode captar caraterísticas hierárquicas muito complexas, tornando-a altamente eficaz para tarefas como a classificação de imagens. Inclui também ligações residuais que permitem que a rede aprenda mapeamentos residuais, permitindo que os gradientes voltem a fluir através da rede de forma eficaz e evitem o problema do gradiente de desaparecimento.

3.1.5.3. Ambiente IoT

Aqui, os vectores de caraterísticas extraídos e as unidades de ação facial (FAUs) são preservados na camada de armazenamento na nuvem. Através da utilização do ThingSpeak, uma plataforma da Internet das Coisas (IoT) que permite aos utilizadores recolher, armazenar, analisar e visualizar dados de sensores e dispositivos através da Internet. Fornece ao um ambiente baseado na nuvem onde os dados dos dispositivos IoT podem ser enviados, processados e acedidos em tempo real, o que o torna uma ferramenta poderosa para várias aplicações IoT. A camada de serviço IoT e a camada de armazenamento na nuvem são fundidas pelo processo de formação da imagem facial.

3.1.5.4 Principais caraterísticas do ThingSpeak:

1. **Recolha de dados**: O ThingSpeak permite a recolha de dados de vários dispositivos IoT. Suporta uma variedade de protocolos e APIs, facilitando a ligação de diferentes tipos de sensores e dispositivos.
2. **Armazenamento de dados**: Uma vez recolhidos os dados, o ThingSpeak oferece um armazenamento seguro na nuvem. Os utilizadores podem armazenar os seus dados em canais, cada um dos quais pode conter até oito campos de dados. Isto torna possível organizar e gerir grandes quantidades de dados de forma eficiente.
3. **Processamento de dados em tempo real**: O ThingSpeak oferece a capacidade de processar e analisar dados em tempo real. Inclui funcionalidades como a integração MATLAB, que permite a análise e o processamento avançados de dados diretamente na plataforma.
4. **Visualização**: Um dos pontos fortes do ThingSpeak é a sua capacidade de criar visualizações em tempo real. Os utilizadores podem criar gráficos, diagramas e outras ferramentas visuais para interpretar os dados dos seus dispositivos IoT, facilitando a compreensão de tendências e padrões.
5. **APIs e integração**: O ThingSpeak oferece APIs RESTful que permitem uma integração perfeita com outras plataformas e

serviços IoT. Isto torna-o versátil e adaptável a diferentes ecossistemas IoT.

6. **Accionadores e alertas**: Os utilizadores podem configurar accionadores e alertas com base nos dados recebidos. Por exemplo, se um sensor detetar uma condição específica, o ThingSpeak pode desencadear automaticamente uma ação ou enviar um alerta por e-mail ou outros métodos de comunicação.

3.1.5.5 Vantagens do ThingSpeak:

- **Facilidade de utilização**: O ThingSpeak é de fácil **utilização**, o que o torna acessível mesmo para quem tem conhecimentos técnicos limitados.
- **Código aberto**: O ThingSpeak oferece uma versão de código aberto, permitindo aos utilizadores personalizar e alargar as suas capacidades.
- **Suporte da comunidade**: Sendo amplamente utilizado na comunidade IoT, o ThingSpeak tem uma comunidade de utilizadores robusta e uma extensa documentação, fornecendo recursos para a resolução de problemas e o desenvolvimento.

3.2 RESULTADO EXPERIMENTAL

O exame experimental do reconhecimento facial proposto num ambiente IoT para avaliação do desempenho é apresentado na parte. Os resultados indicam que a estratégia sugerida é altamente eficaz. Esta subsecção inclui o conjunto de dados, a configuração da simulação, a avaliação comparativa e a conclusão da investigação.

3.2.1 Conjunto de dados LFW

As bases de dados utilizadas nos estudos são abordadas nesta secção. Nas experiências e testes, foram utilizadas bases de dados. As bases de dados são a LFW. A grande base de dados conhecida como Labelled Faces in the Wild (LFW) foi criada para identificar rostos em ambientes sem restrições. Nessas imagens estão presentes duas ou mais imagens de pessoas. As imagens medem 250 x 250 pixéis.

3.2.2 Configuração da simulação

Esta subdivisão fornece exemplos do ambiente de simulação e da configuração da GSO-DCNN sugerida. O armazenamento na nuvem preserva os vectores gerados de caraterísticas e FAUs. A camada de serviço IoT e a camada de armazenamento na nuvem integram-se para a análise de imagens faciais. O resultado da simulação deste trabalho proposto é aplicado no MATLAB R2023a. Foi demonstrado que o nosso trabalho obtém o melhor desempenho quando o quadro proposto é comparado com várias medidas de desempenho. A Tabela 3.3 ilustra a configuração da simulação do trabalho proposto.

Tabela 3.3: Especificações do sistema

Configuração de hardware	Memória de acesso aleatório (RAM)	12 GB
	Disco rígido	1TB
	Processador da CPU	CPU: Intel(R) Core(TM) i7-1165G7 a 2,80GHz
Configuração de software	Sistema de funcionamento	Windows Pro 11N

	Ferramenta de Simulação	MATLAB R2023a

3.2.3 Topologia IoT

Utilizámos abordagens melhoradas de Aprendizagem Profunda com Otimização por Enxame Galáctico (GSO) para o nosso estudo sobre a identificação de expressões faciais em contextos da Internet das Coisas. A Figura 3.7 mostra a topologia de rede para este sistema. A topologia de rede resultante, na qual cada nó IoT que possui câmaras e sensores para reconhecer expressões faciais se liga aos nós que lhe estão mais próximos. Esta técnica de ligação minimiza a utilização desnecessária de energia e maximiza o alcance da transmissão. O gráfico demonstra inequivocamente que os nós que utilizam GSO-DCNN têm alcances de comunicação muito mais curtos do que os nós que não utilizam controlo de topologia. Esta melhoria resulta numa rede mais fiável e eficaz, minimizando as perturbações e conservando a energia.

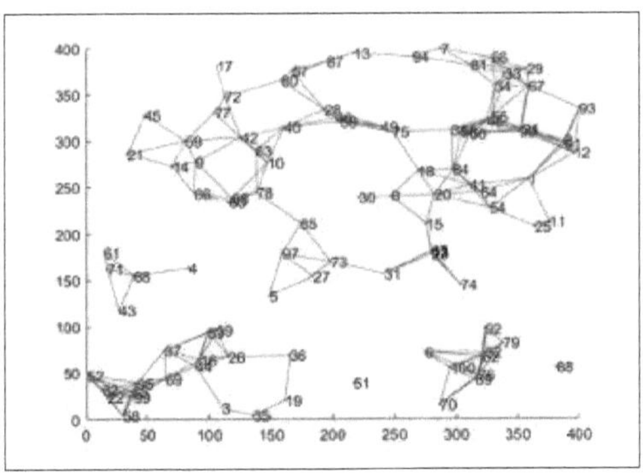

Figura 3.7: Topologia da rede

A capacidade de encontrar um equilíbrio entre cobertura e conetividade garante que cada nó possa interagir de forma eficiente, preservando o desempenho máximo. Para que o reconhecimento sugerido do sistema de expressões faciais funcione, a configuração da rede deve ser melhorada. Isto porque garante um fluxo de dados consistente e fiável, o que aumenta a precisão geral e a resiliência dos algoritmos de aprendizagem profunda que são utilizados para a categorização.

3.2.4 Resultados no ambiente IOT:

O sistema proposto, aplicado em ambiente IoT, facilita o armazenamento e a partilha de dados O ThingSpeak permite enviar dados através de pedidos HTTP para campos específicos num canal. Neste caso, os dados da expressão facial são enviados para `field1` utilizando um pedido HTTP GET construído com a chave API e o valor dos dados. As figuras (3.8) a (3.21) representam as caraterísticas e as expressões faciais registadas em tempo real de 24 de junho a 15 de julho em ambiente IoT.

Envio de dados para o ThingSpeak:

1. **Instalação:**
   - Cada canal ThingSpeak tem campos onde podem ser enviados dados. Os canais podem ter até 8 campos.
   - Nesta fase, é necessária uma chave API para escrever dados no canal.
2. **Envio de dados:**
   - Foi construído um URL que inclui a chave da API, o número do campo e o valor dos dados.
   - Foi utilizado um pedido HTTP GET para enviar os dados para o ThingSpeak.

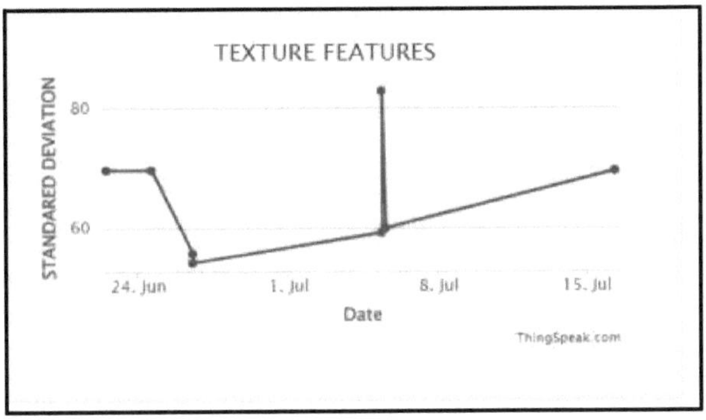

Figura 3.8: Desvio padrão no ambiente IoT

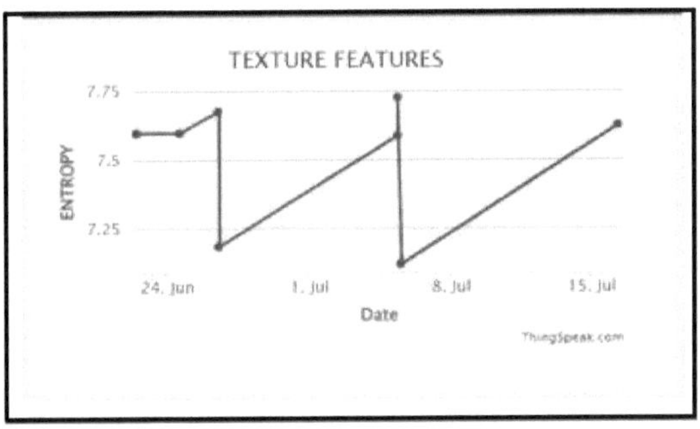

Figura 3.9: Entropia no ambiente IoT

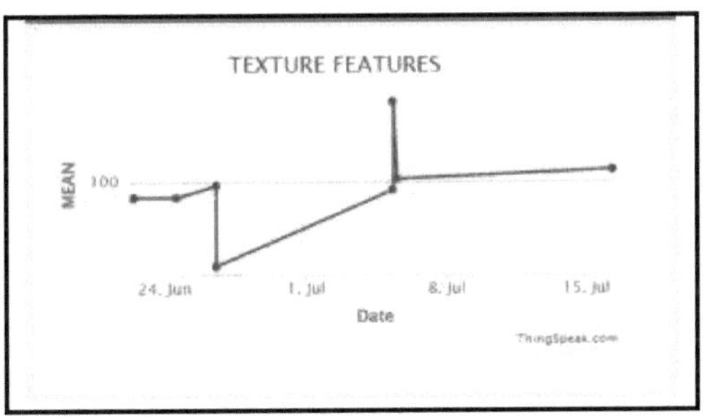

Figura 3.10: Meios em ambiente IoT

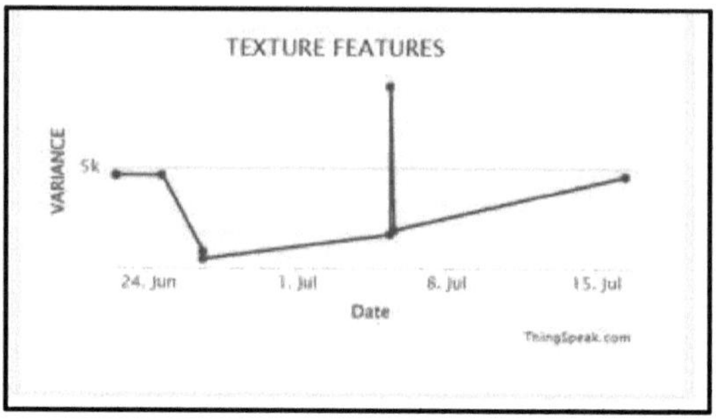

Figura 3.11: Variação no ambiente IoT

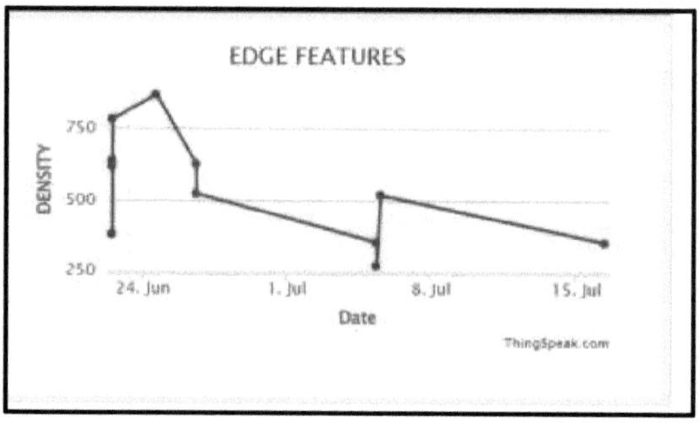

Figura 3.12: Densidade no ambiente IoT

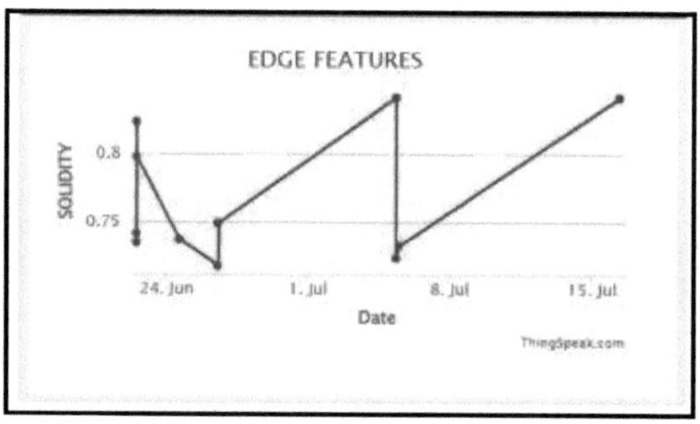

Figura 3.13: Solidez no ambiente IoT

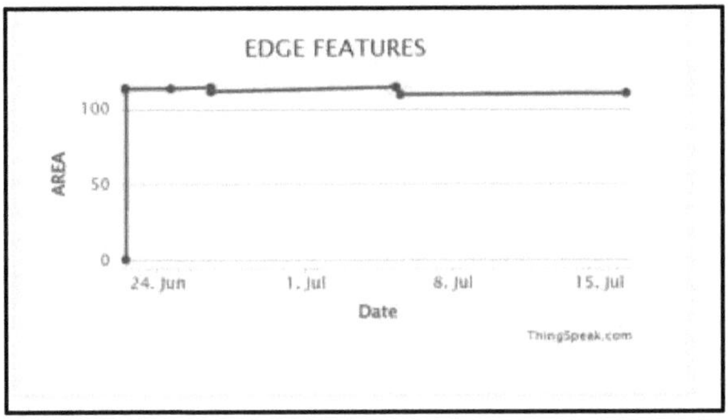

Figura 3.14: Área no ambiente IoT

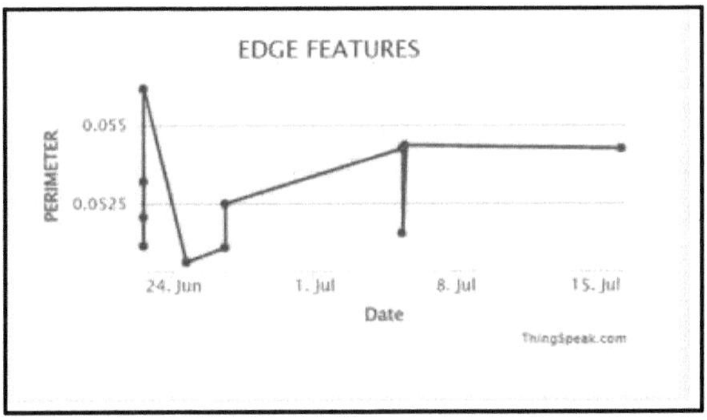

Figura 3.15: Perímetro em ambiente IoT

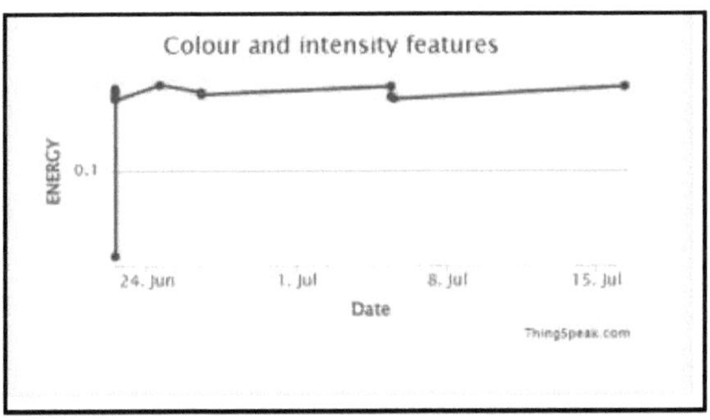

Figura 3.16: Energia no ambiente IoT

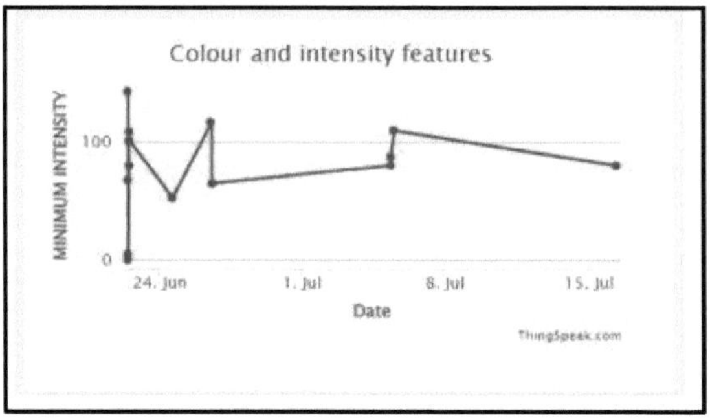

Figura 3.17: Intensidade mínima no ambiente IoT

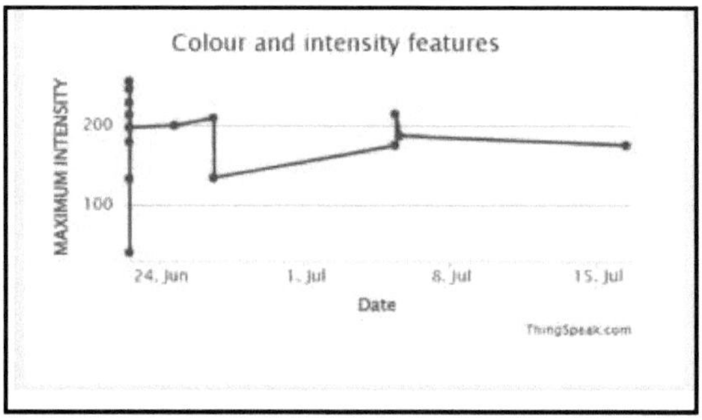

Figura 3.18: Intensidade máxima no ambiente IoT

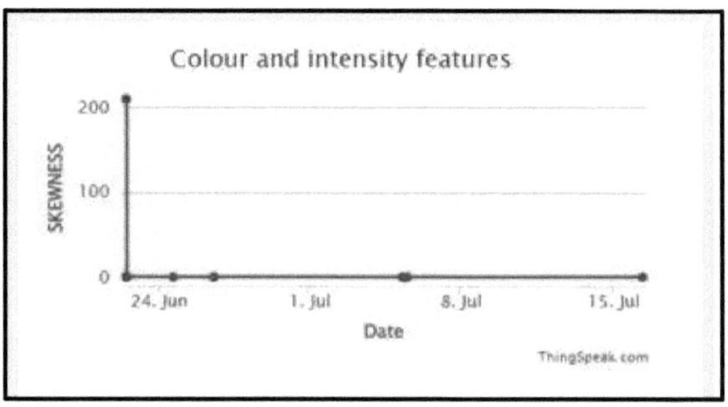

Figura 3.19: Assimetria no ambiente IoT

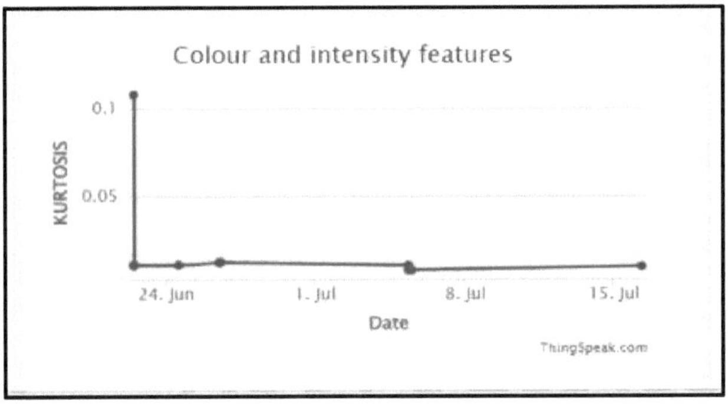

Figura 3.20: Curtose em ambiente IoT

Figura 3.21: Expressões faciais em ambiente IoT

3.2.5 Resultados da simulação

A. Exatidão

Avalia a capacidade do sistema para reconhecer várias expressões faciais e obter resultados exactos. Dividindo o número de rostos corretamente identificados por todos os rostos do conjunto de dados, a exatidão é normalmente apresentada como uma percentagem. Para identificar o indivíduo associado a um determinado rosto, o sistema tem de fazer corresponder com precisão o rosto em questão a uma base de dados de rostos reconhecidos. A proporção de rostos identificados com sucesso entre todos os rostos avaliados serve como uma medida da exatidão da identificação. A exatidão é calculada utilizando a seguinte equação

$$Accuracy = \frac{TP+TN}{TP+TN+FP+FN}$$

(3.40)

A precisão de um modelo iterativo de aprendizagem profunda é apresentada na Figura 3.22. A precisão aumenta com o número de iterações. A percentagem de precisão (75% a 84%), representada pelo eixo y, é apresentada juntamente com o número de iterações (0 a 100) no eixo x. À medida que o modelo itera, a tendência da precisão aumenta constantemente, como se pode ver pela linha azul com marcas de diamante.

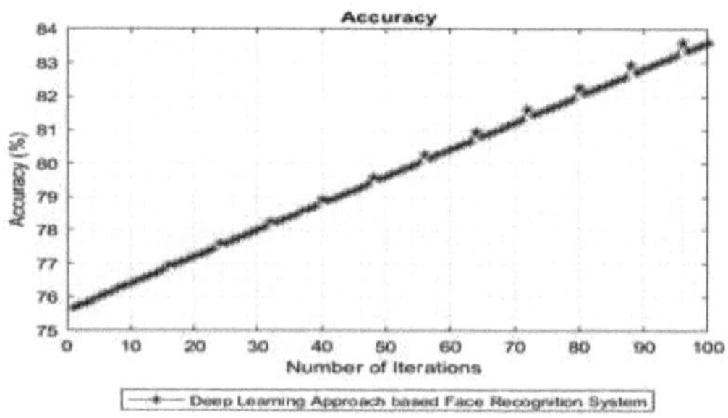

Figura 3.22: Precisão de um modelo GSO-DCNN ao longo das iterações

B. Precisão

No domínio do reconhecimento facial, a precisão é uma métrica que avalia o grau de acerto do sistema na previsão de resultados positivos. A precisão é definida como o rácio entre os verdadeiros positivos (TP) e a soma dos verdadeiros positivos e dos falsos positivos (FP), indicando quantas das previsões positivas feitas pelo sistema estão realmente corretas. Por outro lado, a precisão refere-se à proporção de todas as previsões corretas (tanto os verdadeiros positivos como os verdadeiros negativos) feitas pelo sistema, em relação ao número total de previsões. A precisão de um modelo de aprendizagem profunda ao longo das iterações é apresentada na Figura 3.23. A seguinte fórmula é utilizada para calcular a precisão:

$$\text{Precision} = \frac{TP}{TP+FP}$$

(3.41)

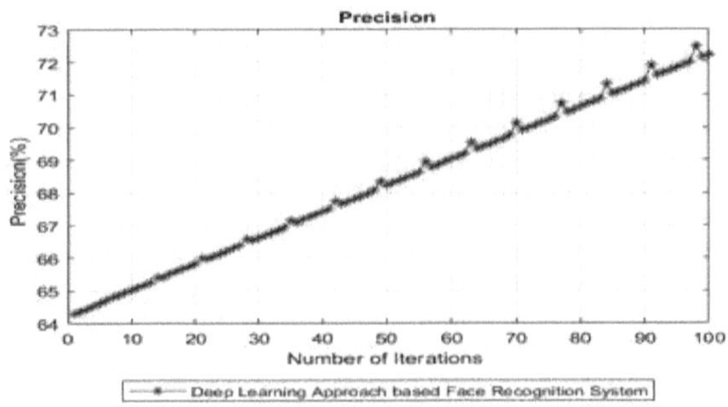

Figura 3.23: Precisão de um modelo GSO-DCNN ao longo das iterações

C. Recordar

A recuperação, frequentemente referida como sensibilidade ou taxa positiva verdadeira, é um parâmetro utilizado no reconhecimento de rostos que avalia a capacidade do sistema para reconhecer cada uma das categorias positivas em comparação com o número total de instâncias positivas. A recuperação de um modelo de aprendizagem profunda com iterações é apresentada na Figura 3.24 A recuperação é calculada utilizando a seguinte equação

$$Recall = \frac{TP}{TP+TN}$$

(3.42)

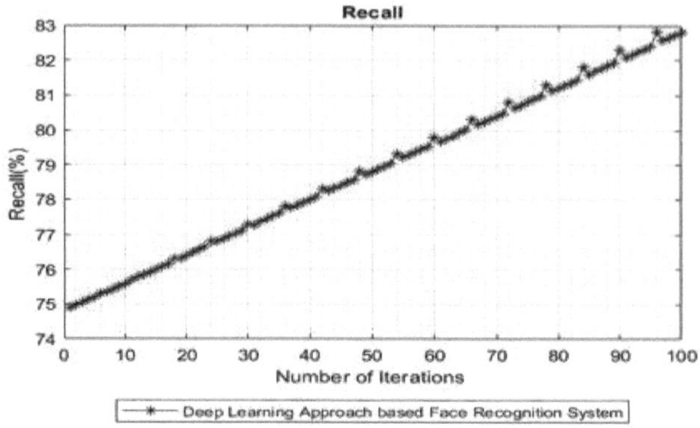

Figura 3.24: Recuperação de um modelo GSO-DCNN ao longo de Iterações

D. Taxa de erro

A expressão facial "taxa de erro" refere-se a um cálculo de quanto um modelo se desvia do modelo verdadeiro nas suas previsões. Quando se fala de modelos de classificação, o termo "taxa de erro" é frequentemente mencionado nos modelos. Dependendo da tecnologia específica, dos algoritmos e dos conjuntos de dados utilizados, a taxa de erro dos sistemas de reconhecimento facial pode variar significativamente. A Figura 3.25 mostra a análise de erros. A equação seguinte é utilizada para determinar a taxa de erro:

$$Error\_rate = \frac{1}{m}\sum_{k=1}^{m} Z_k - \hat{Z}$$

(3.43)

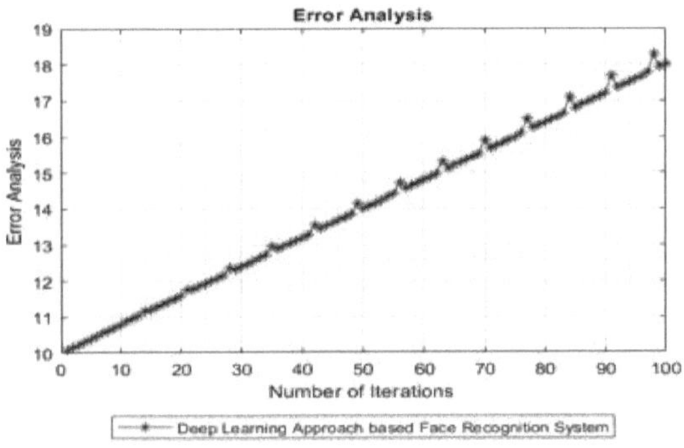

Figura 3.25: Análise de erro do modelo GSO-DCNN ao longo das iterações

3.2.6 Análise comparativa

Nesta dissertação, o método proposto GSO-DCNN é comparado com o método face plus support vetor machine (face+SVM), com o método logistic regression-cat Boost classifier-convolutional neural network (LR-CBC-CNN improved neural network (INN) e com o método convolutional neural network (CNN) em termos de exatidão, precisão, recuperação e taxa de erro.

A Figura 3.26 ilustra o desempenho do reconhecimento facial dos algoritmos sugerido, LR-CBC-CNN e face+SVM. A exatidão da abordagem proposta é, em média, de 83,6%, a face+SVM alcançará uma pontuação média de 79,7% e a LR-CBC-CNN alcançará uma exatidão máxima de 82,8%. O modelo sugerido para a deteção de faces apresenta resultados globais excelentes.

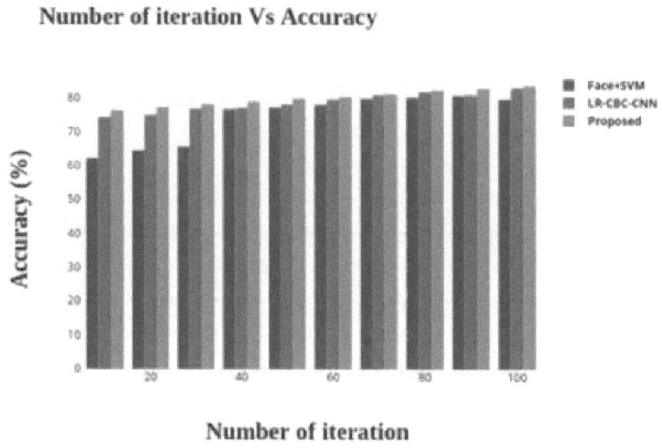

Figura 3.26: Número de iterações versus exatidão

A Figura 3.27 mostra a precisão da estratégia convencional e da estratégia sugerida. O método proposto tem uma precisão média de 72,2%, com face+SVM a atingir 68,9% e LR-CBC-CNN a atingir 70,8%. Quando comparado com métodos padrão como face+SVM e LR-CBC-CNN, o método proposto apresenta uma melhor precisão, o modelo identifica corretamente as faces do mundo real.

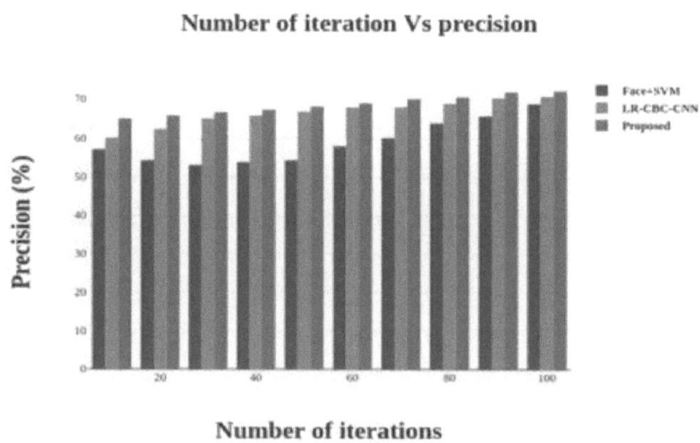

Figura 3.27: Número de iterações Vs Precisão

A Figura 3.28 mostra a recuperação do método existente e do método proposto. Um valor de recuperação elevado significa que uma parte significativa dos exemplos positivos está a ser captada com êxito pelo sistema de reconhecimento facial. As estratégias sugeridas têm uma recuperação máxima de 82,8% em comparação com os métodos existentes, incluindo face+SVM que obtém uma média de 80,2% e LR-CBC-CNN que obtém um máximo de 81,9%. O método proposto tem uma excelente capacidade de recuperação quando comparado com os métodos existentes, como face+SVM e LR-CBC-CNN, para o reconhecimento de rostos.

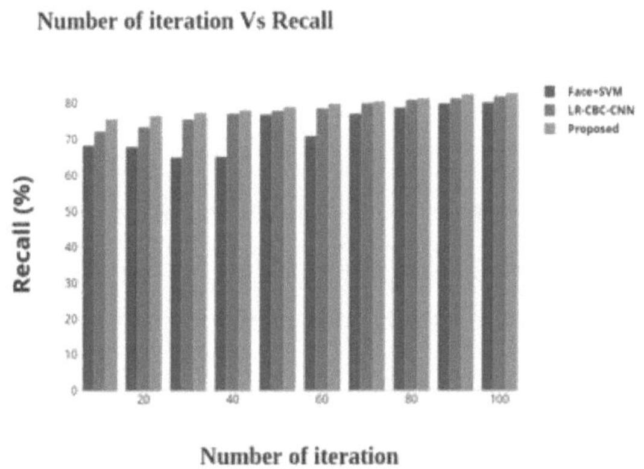

Figura 3.28: Número de iterações vs. recuperação

A Figura 3.29 apresenta a taxa de erro do método existente e do método proposto. As pontuações máximas para a INN são 50,38% e para a CNN um total de 40,8%, enquanto a taxa de erro para os métodos propostos é, no máximo, de 18%. A experiência proposta tem uma taxa de erro baixa quando comparada com abordagens padrão como a INN e a CNN.

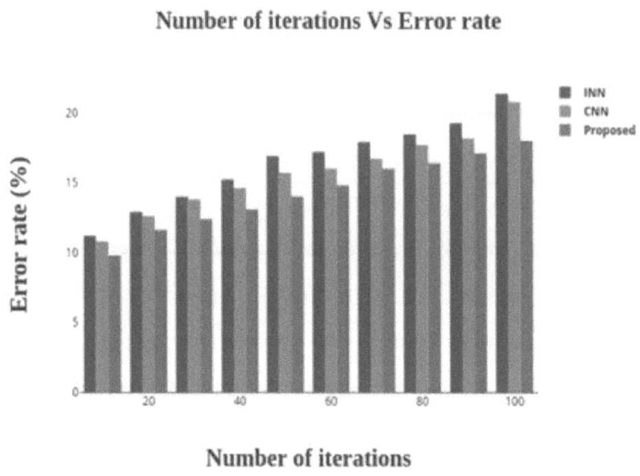

Figura 3.29: Número de iterações vs. taxa de erro

3.2.7 Discussão

O sistema sugerido foi avaliado utilizando critérios de avaliação através de experiências. As expressões faciais fornecem informações não-verbais valiosas para o estudo das emoções e intenções humanas. Utilizando critérios de avaliação e testes, a abordagem sugerida foi examinada. Esta abordagem aumentou as capacidades de identificação das emoções do rosto humano e forneceu uma nova abordagem a problemas de longa data na literatura publicada. Esta técnica inovadora melhora o reconhecimento de expressões faciais e a exatidão da classificação, a recordação, a precisão e a taxa de erro, conduzindo a um melhor reconhecimento facial. Esta dissertação indica que o reconhecimento de expressões faciais por GSO-CNN Deep Learning aumenta a eficácia, a compreensão e a fiabilidade, o que favorece a previsão. Relativamente às limitações desta investigação, a dificuldade e o tempo necessário para a construção do modelo GSO-CNN, mas não enumera problemas específicos. A discussão dos obstáculos e das soluções melhoraria a compreensão do contexto da investigação. Por último, são avaliadas as seguintes métricas de desempenho Exatidão, Precisão, Recuperação e Taxa de erro para avaliar o trabalho sugerido. A discussão do desempenho da abordagem sugerida está incluída nesta subsecção. Os resultados do estudo de comparação são apresentados graficamente nas Figuras 3.26 a 3.29 e a Tabela 3.4 apresenta os resultados numéricos da análise comparativa.

Tabela 3.4: Resultados numéricos

Métodos	Percentagem de reconhecimento de rostos			
	Exatidão	Precisão	Recall	Taxa de erro
Rosto+SVM	79.7	68.9	80.2	-
LR-CBC-CNN	82.8	70.8	81.9	-
DCI	-	-	-	50.38
CNN	-	-	-	40.8
Proposta	83.6	72.2	82.8	18

3.3 RESUMO

Nesta dissertação, foi proposto o GSO-DCNN para reconhecimento de faces em um ambiente IoT. O conjunto de dados de imagens foi coletado de uma fonte publicamente disponível do LFW. A técnica de filtro gaussiano é usada para pré-processamento de imagem para remover ruídos e suavizar a imagem, e as imagens são então processadas de várias maneiras para o HOG, que é usado para segmentação de imagem. O STIP é utilizado para extrair caraterísticas associadas às actividades faciais. Em seguida, utiliza-se o SURF para realizar a abordagem de seleção de caraterísticas. As caraterísticas necessárias são extraídas utilizando uma técnica denominada GLCM, que classifica as caraterísticas estatísticas de textura em categorias distintas. A camada de serviço de nuvem mantém os dados preservados e seguros. Métricas como exatidão, precisão, recuperação e taxa de erro foram melhoradas pelo trabalho proposto. O desenvolvimento, a formação e a implementação de modelos de aprendizagem profunda podem ser complexos e demorados. Pode ser difícil criar modelos pequenos e eficientes, mantendo uma elevada precisão para utilização em aplicações da Internet das Coisas (IoT) devido a limitações tecnológicas. No futuro, a investigação de técnicas de aprendizagem mais profundas numa variedade de aplicações pode melhorar o desempenho e alargar o âmbito das nossas experiências.

CAPÍTULO 4

RECONHECIMENTO DE EXPRESSÕES FACIAIS COM BASE NA APRENDIZAGEM PROFUNDA MELHORADA POR GSO

4.1 INTRODUÇÃO

A comunicação humana baseia-se amplamente nas expressões faciais, que podem divulgar informações substanciais sobre emoções, motivos e reacções. Durante muito tempo, as pessoas dependeram fortemente da capacidade de interpretar expressões faciais para navegar eficazmente nas interações sociais. Há um interesse crescente em utilizar a aprendizagem profunda e a IoT para identificar e compreender computacionalmente os gestos faciais em diferentes ambientes devido aos avanços da tecnologia. A aprendizagem profunda (AP), um subcampo da aprendizagem automática, transformou a visão computacional ao permitir que as máquinas reconheçam padrões e caraterísticas complexas diretamente a partir de dados não processados. As redes neurais convolucionais (CNN) são uma arquitetura de DL muito apreciada que se revelou promissora numa série de aplicações, como o reconhecimento facial, a classificação de fotografias e a identificação de objectos. Além disso, as CNN melhoraram a sua capacidade de aprendizagem de modelos para identificar emoções a partir de dados visuais, utilizando grandes conjuntos de dados de expressões faciais anotadas. As tecnologias DL e IoT cooperam para permitir a análise instantânea de expressões faciais numa série de cenários. Combinando algoritmos de reconhecimento facial com a IoT, os sensores habilitados para a IoT podem facilmente recolher e enviar dados de vários locais, permitindo a observação e reação em tempo real às emoções humanas. As organizações de cuidados de saúde podem achar mais fácil monitorizar os pacientes remotamente e avaliar a saúde mental quando utilizam tecnologias de deteção de expressões faciais com base na IoT. Estas tecnologias de reconhecimento facial podem ajudar os médicos a prestar cuidados mais individualizados, analisando variações mínimas nas expressões dos pacientes, o que pode fornecer informações importantes sobre a sua saúde psicológica. Do mesmo modo, a personalização das experiências de aprendizagem e o aumento da participação dos alunos podem ser conseguidos através da utilização de dispositivos da Internet das Coisas equipados com tecnologia de reconhecimento facial para analisar as reacções dos alunos ao conteúdo do ensino. Além disso, o reconhecimento facial com base na IoT tem potencial para melhorar a satisfação do cliente em geral, especialmente em aplicações relacionadas com a segurança, mas também para facilitar tácticas de marketing direcionadas e avaliar as atitudes e preferências dos consumidores. Estas podem também ser aplicadas. Ao notificar rapidamente as autoridades de qualquer atividade questionável, os dispositivos IoT têm o potencial de melhorar os sistemas de vigilância. No entanto, a utilização da tecnologia de reconhecimento facial no contexto da Internet das Coisas levanta sérias questões éticas e de privacidade. A recolha e o tratamento de dados faciais suscitam preocupações sobre a propriedade, a autorização e a privacidade dos dados. São necessárias regulamentações rigorosas em matéria de privacidade, procedimentos abertos de tratamento de dados e a integração de preocupações éticas para resolver estas questões, a fim de adotar e utilizar com êxito novas tecnologias. A integração da aprendizagem profunda e da tecnologia IoT apresenta oportunidades promissoras para a análise de expressões faciais em diversos contextos. No entanto, os algoritmos de DL e IoT que permitem que os sistemas inteligentes reconheçam e respondam a estados emocionais têm o poder de revolucionar numerosas indústrias e melhorar as interações homem-máquina. Na análise de imagens e dados, são aplicadas várias técnicas para aumentar a precisão e a eficiência. Estes métodos incluem filtragem, extração de caraterísticas, otimização e segmentação para melhorar o reconhecimento e a análise. Iremos concentrar-nos no seguinte:

- A aplicação de um filtro Gaussiano ao reconhecimento facial suaviza a imagem, reduzindo o ruído e melhorando a deteção de caraterísticas para um reconhecimento mais preciso. A utilização de um filtro Gaussiano no pré-processamento ajuda a reduzir o ruído, o que melhora a nitidez da imagem e proporciona uma entrada mais direcionada para uma análise posterior.

- A técnica de extração de pontos de interesse espácio-temporal (STIP) capta com precisão as caraterísticas espaciais e temporais dos dados, permitindo uma representação abrangente de conteúdos visuais dinâmicos que é necessária para uma variedade de tarefas, incluindo a análise de movimentos e a deteção de acções.

- As redes IoT utilizam uma combinação de Redes Neuronais Convolucionais Profundas (DCNN) e Otimização por Enxame Galáctico (GSO) para reconhecer expressões faciais.

- Ao localizar objectos com precisão e ao permitir uma análise baseada em regiões, o método de segmentação Histograma de Gradientes Orientados (HOG) divide as imagens em partes semanticamente significativas com base em orientações de gradiente.

A otimização dos métodos de extração e classificação de caraterísticas que combinam caraterísticas robustas aceleradas (SURF) para seleção e otimização por enxame galáctico (GSO) para deteção e classificação pode levar a uma maior eficiência e precisão nas tarefas de reconhecimento de objectos.

4.2 METODOLOGIA

No quadro sugerido, o primeiro passo na ordem de processamento de imagem sugerida para reduzir e eliminar o ruído na imagem é a filtragem Gaussiana. Depois disso, são identificados locais importantes utilizando pontos de interesse espácio-temporal (STIP) para a extração de caraterísticas nos domínios temporal e geográfico. O passo seguinte é a segmentação, que utiliza um HOG para dividir a imagem em secções relevantes, dependendo das orientações do gradiente. Depois, para enfatizar as caraterísticas locais únicas, a seleção de caraterísticas é efectuada utilizando caraterísticas Speeded Robust (SURF). O Galactic Swarm Optimization (GSO), um algoritmo de otimização meta-heurístico influenciado pelo comportamento de enxames galácticos, é então utilizado para efetuar a deteção e classificação, permitindo a identificação e classificação precisas e eficientes de objectos ou padrões nos dados de imagem processados em . A Figura 4.1 mostra o fluxo de trabalho do método GSO-DCNN proposto.

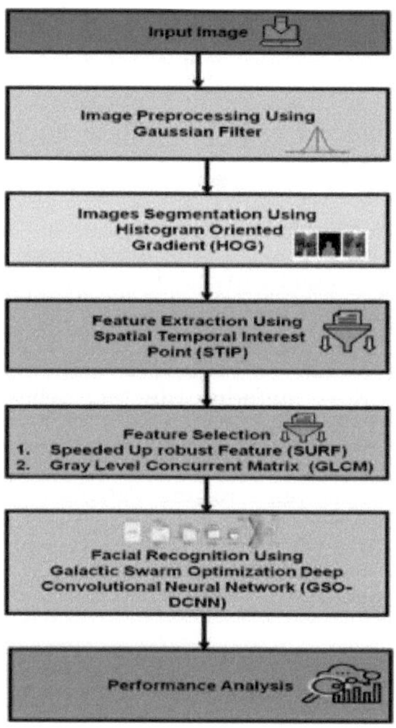

Figura 4.1: Fluxo de trabalho do método GSO-DCNN proposto

4.2.1 Recolha de dados

A recolha de dados envolve a utilização de uma webcam para captar imagens para o reconhecimento de expressões faciais, como demonstrado no conjunto de dados do Kaggle "emotion detection with a webcam". Este conjunto de dados contém provavelmente imagens rotuladas com várias expressões faciais, como felicidade, tristeza, raiva, etc., juntamente com os metadados correspondentes para treinar modelos de aprendizagem automática para reconhecer essas emoções a partir da entrada da webcam. O quadro 4.1 apresenta as caraterísticas da recolha de dados.

Quadro 4.1: Caraterísticas da recolha de dados

Caraterística	Descrição
Nome do conjunto de dados	Deteção de emoções com uma câmara Web
Objetivo	Reconhecimento de expressões faciais
Método de recolha de dados	Utilizar uma câmara Web para captar imagens
Conteúdo da imagem	Imagens rotuladas com várias expressões faciais, como felicidade, tristeza, raiva, etc.
Metadados	Contém os metadados correspondentes para a formação
Utilização em estudos	Utilizado para treinar modelos para reconhecer emoções a partir da entrada da webcam

4.2.2 Pré-processamento de imagens - Filtro Gaussiano

O objetivo da redução do ruído, preservando o maior número possível de componentes importantes da imagem, como os bordos e as caraterísticas, é a eliminação do ruído da imagem. Para a redução do ruído num cenário de ruído aditivo, têm sido amplamente utilizados filtros lineares que convolvem a imagem com uma matriz constante para obter uma combinação linear de valores de vizinhança. Isto pode resultar numa imagem difusa e suavizada, com uma localização inadequada das caraterísticas e uma redução do ruído. Os filtros baseados em funções gaussianas são particularmente importantes, uma vez que as morfologias das funções gaussianas são facilmente estabelecidas juntamente com as funções gaussianas reais inversas e avançadas, que são as obtidas a partir das transformadas de Fourier de uma função gaussiana. Além disso, os sinais com frequências mais baixas são atenuados e a suavização/desfocagem é melhorada por um filtro maior no domínio espacial que é gerado por um filtro mais compacto no domínio da frequência. Os filtros proporcionais normalmente utilizados para a eliminação de ruído de imagens são designados por filtros Gaussianos. Nos filtros gaussianos, a dimensão global das unidades diminui à medida que se afastam do seu centro de filtragem [60], como se pode ver pela equação

$$G_\sigma(x,y) = \frac{1}{2\pi\sigma^2} e^{-\left(x^2+y^2\right)/2\sigma^2} \tag{4.1}$$

O valor médio do pixel numa região local, os filtros Gaussianos diminuem o ruído, mantendo as caraterísticas da imagem. Os filtros Gaussianos pressupõem que as imagens têm flutuações espaciais suavizadas e que os pixéis dentro de uma vizinhança têm valores próximos. No entanto, este pressuposto é quebrado nas margens, onde as flutuações espaciais não são suaves e as margens ficam desfocadas quando o filtro gaussiano é aplicado. A imagem pré-processada está representada na Figura 4.2.

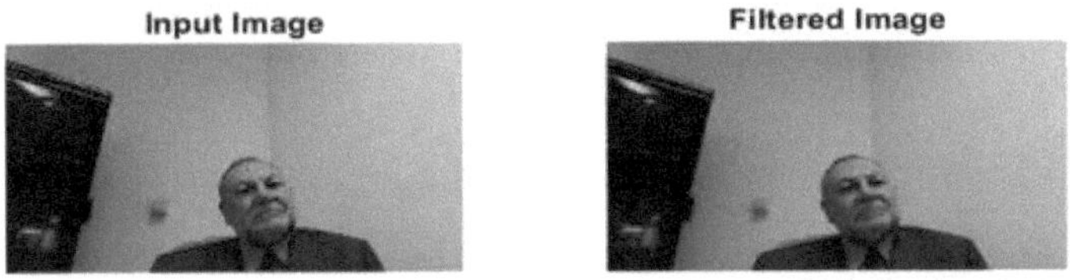

Figura 4.2: Imagem pré-processada

4.2.3 Extração de elementos - Ponto de interesse espácio-temporal (STIP)

Os pontos de interesse no domínio espacial são representados pela imagem-modelo $f^{sp}: R^2 \rightarrow R$ através da sua representação linear no espaço-escala $M^{sp}: R^2 * R + \rightarrow R$, como indicado na equação (4.2). A equação representa um modelo matemático em que M^{sp} denota uma medida ou função específica de a e b em relação a um parâmetro σ_m^2 . Aqui, $h^{sp}(a,b;\sigma_m^2)$ e $f^{sp}(a,b)$ é uma função kernel ou de filtro que incorpora o parâmetro σ_m^2 , enquanto $h^{sp}(a,b;\sigma_m^2) * f^{sp}(a,b)$ é uma função fundamental ou componente de dados relacionada com a e b . A equação indica que $M^{sp}(a,b;\sigma_m^2)$ é obtido pela multiplicação destas duas funções, com $h^{sp}(a,b;\sigma_m^2)$ a modificar ou ponderar $f^{sp}(a,b)$ com base em σ_m^2 .

$$M^{sp}(a,b;\sigma_m^2) = h^{sp}(a,b;\sigma_m^2) * f^{sp}(a,b)$$
(4.2)

De acordo com a convolução de f^{sp} com um núcleo Gaussiano de variância [38] σ_m^2

$$h^{sp}(a,b;\sigma_m^2) = \frac{1}{2\pi\sigma_m^2} exp\left[-\frac{(a^2+b^2)}{2\pi\sigma_m^2}\right]$$
(4.3)

Encontrar áreas geográficas onde f^{sp} apresenta variações visíveis em ambas as direcções do detetor de pontos de interesse. Para uma dada escala de observação σ_m^2 . Para descobrir estes pontos, é utilizada uma matriz de grandeza adicional, cuja média é calculada através de um enquadramento exponencial da variância σ_i^2 .[88]

$$\mu^{sp}(.;\sigma_m^2,\sigma_i^2) = h^{sp}(.;\sigma_i^2) * \left[\left(\nabla M(.;\sigma_m^2)\right)\left(\nabla M(.;\sigma_m^2)\right)^T\right]$$
(4.4)

$$\mu^{sp}(.;\sigma_m^2,\sigma_i^2) = h^{sp}(.;\sigma_i^2) * \begin{bmatrix} (M_a^{sp})^2 & M_a^{sp}M_b^{sp} \\ M_a^{sp}M_b^{sp} & \left(M_b^{sp}\right)^2 \end{bmatrix} \quad (4.5)$$

Enquanto que$\mathrm{M_a^{sp}}$ e$\mathrm{M_b^{sp}}$ são as variantes estocásticas estimadas ao nível exato σ_m^2 , representando a função de convergência como $\mathrm{M_a^{sp}} = \partial\mathrm{a}\,[\mathrm{h^{sp}}(.;\sigma_m^2) * \mathrm{f^{sp}}(\cdot)]$, e $\mathrm{M_b^{sp}} = \partial\mathrm{b}\,[\mathrm{h^{sp}}(.;\sigma_m^2) * \mathrm{f^{sp}}(\cdot)]$, respetivamente. Por conseguinte, os valores próprios λ_1, and λ_2 da função μ^{sp} são indicadores das variações def^{sp} nas duas orientações da imagem. Mais especificamente, a presença de um ponto interessante é indicada por dois valores consideravelmente grandes deλ_1 eλ_2 nas equações.[88]

$$l^{sp} = det(\mu^{sp}) - Ktrace^2(\mu^{sp})$$
(4.6)

$$l^{sp} = \lambda_1\lambda_2 - K(\lambda_1 + \lambda_2)^2 \quad (4.7)$$

O rácio dos valores próprios, $\alpha = {}^{\lambda_2}/_{\lambda_1}$, deve ser grande nas localizações dos pontos de interesse. O rácio α deve ser igual a $k < {}^{\alpha}/_{(1+\alpha)^2}$ para se obterem máximos locais positivos de $\mathrm{H^{sp}}$, como se pode ver em (4.5). Valores mais elevados deα estão correlacionados com locais de interesse de forma mais alongada, que podem ser detectados com valores mais baixos.

4.2.4 Caraterísticas HOG

A distribuição da densidade dos gradientes pode ser utilizada para caraterizar o aspeto e a forma do objeto local dentro de uma imagem, de acordo com o descritor de caraterísticas HOG. Ao dividir a imagem em áreas discretas conhecidas como células, esta descrição pode ser implementada. Para cada pixel dentro da célula, é construído um histograma da direção do gradiente. O objeto é segmentado utilizando a técnica HOG em quatro fases. O primeiro passo consiste em calcular os valores do gradiente utilizando a centralização 1-D para obter o ponto de máscara derivado discreto nas ordens horizontal e vertical, como se mostra abaixo nas equações.

$$D_x = [-1 \quad 0 \quad 1]$$
(4.8)

A matriz $D_x = [-1 \quad 0 \quad 1]$ representa um operador de derivada discreta utilizado no processamento de imagens ou na diferenciação numérica. Esta matriz 1x3 foi concebida para calcular o gradiente de uma função ou de uma imagem na direção horizontal. A matriz $D_y = \begin{bmatrix} 1 \\ 0 \\ -1 \end{bmatrix}$ é um operador de derivada discreta utilizado para calcular o gradiente na direção vertical no processamento de imagens ou na diferenciação numérica. Esta matriz 3x1 calcula a taxa de variação dos valores de pixéis ou valores de funções ao longo do eixo y.

$$D_y = \begin{bmatrix} 1 \\ 0 \\ -1 \end{bmatrix}$$
(4.9)

Se I for a imagem, utilizar a técnica de convolução para obter as derivadas de x e y na equação [89].

$$I_x = I_x * D_x \text{ E } I_y = I_y * D_y \qquad (4.10)$$

A fórmula para determinar a magnitude do gradiente é dada pela equação [89]

$$|G| = \sqrt{I_x^2 + I_y^2}$$
(4.11)

E para a orientação do gradiente é dada pela equação [89]

$$\theta = arc\tan {}^{I_x}/_{I_y}$$

(4.12)

A fase seguinte é o binning de orientação espacial. Esta fase fornece um método de votação para o resultado do histograma de células. Um voto ponderado para a orientação é dado por cada pixel na imagem facial, com cada pixel a corresponder ao bin mais próximo entre 0 e 180^0 . Para normalizar a célula e o histograma de toda a região do bloco para uma forma vetorial, o terceiro passo utiliza o descritor HOG. Na última fase da normalização do bloco, a norma L2 é utilizada de acordo com a equação [89] e a Figura 4.3 descreve as caraterísticas HOG

$$b = \frac{b}{\sqrt{\|b\|^2+\varepsilon^2}}$$

(4.13)

Figura 4.3: Caraterísticas HOG

4.2.5 Funções robustas aceleradas

O Speeded-Up Robust Features é uma técnica utilizada para detetar e descrever caraterísticas locais em imagens. Identifica rapidamente pontos-chave através da aproximação da matriz Hessiana, tornando-a mais rápida do que métodos como o SIFT. O SURF atribui a cada ponto-chave uma orientação baseada em gradientes locais para garantir que a deteção seja invariável à rotação. Em seguida, calcula descritores dentro de uma região quadrada alinhada em torno de cada ponto-chave, permitindo uma correspondência de caraterísticas eficiente e precisa. Em comparação com o SIFT, o SURF é mais rápido e, ao mesmo tempo, robusto a alterações de escala, rotação e iluminação, o que o torna ideal para tarefas de reconhecimento de objectos e correspondência de imagens.

4.2.6 Deteção e classificação utilizando DCNN-GSO

Uma vez concluída a extração de caraterísticas do reconhecimento de actividades com base nos pontos de interesse espácio-temporal (STIP), segue-se o processamento posterior das imagens. Estas imagens processadas produzem vectores de caraterísticas, que servem de entrada para as Redes Neuronais Convolucionais Profundas (D-CNN). A Figura 4.4 mostra a arquitetura DCNN-GSO proposta. A D-CNN desempenha um papel fundamental neste contexto, ao convoluir imagens com núcleos para gerar mapas de caraterísticas. Os pesos associados a estes kernels facilitam as ligações entre cada unidade do mapa de caraterísticas e as camadas anteriores. Durante o treino do conjunto de dados, estes pesos do kernel são fundamentais para melhorar as caraterísticas de entrada, permitindo que a rede aprenda padrões e caraterísticas relevantes. Nomeadamente, os pesos que necessitam de ser treinados nas camadas convolucionais são menores do que os das camadas totalmente ligadas. A razão para esse descompasso é que os núcleos são exclusivos de cada unidade de mapa de caraterísticas, o que minimiza o espaço de parâmetros que precisa ser otimizado. Os vectores de caraterísticas que foram retirados de cada fotograma são depois introduzidos na CNN para que esta possa ser treinada. Para treinar adequadamente a rede para aprender e reconhecer padrões de atividade, são utilizadas técnicas de otimização iterativas como o GSO para modificar os parâmetros da rede, incluindo os pesos do kernel. Em geral, o reconhecimento robusto da atividade no domínio espácio-temporal é facilitado por esta metodologia sugerida, que tira partido da capacidade da D-CNN para extrair caraterísticas discriminatórias dos dados de imagem.

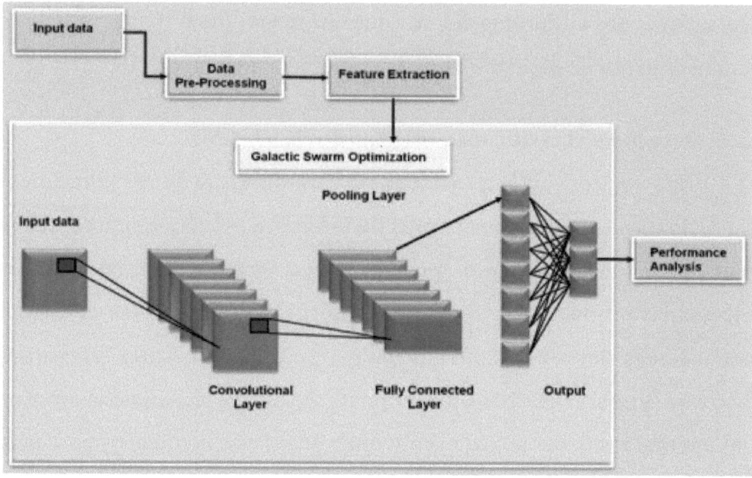

Figura 4.4: Classificação e identificação utilizando

A. Imagem de entrada

A imagem de entrada utilizada no passo inicial do processo é a imagem da webcam utilizada para o reconhecimento da expressão facial. Esta imagem delineia o rosto do sujeito e inclui a área onde se pretende que ocorra o reconhecimento de emoções. A imagem obtida isola a região facial pertinente, oferecendo uma entrada visual focada e valiosa para processamento adicional. Esta entrada focalizada permite que o algoritmo se concentre apenas nos traços faciais, o que melhora a precisão e a eficiência do processo de identificação da emoção facial. Além disso, a técnica de reconhecimento facial permite que o sistema se concentre apenas nas expressões faciais pertinentes dentro da área designada, eliminando informações estranhas ou ruído de fundo. Na sua totalidade, é mais simples analisar as expressões faciais de uma forma concentrada e eficaz quando se utiliza a imagem captada como entrada, o que abre a porta ao reconhecimento exato das emoções.

B. CNN

A camada de convolução, que aplica várias funções de kernel às imagens de entrada, é um componente crucial das CNNs. Estes kernels percorrem as imagens, extraindo várias caraterísticas que são necessárias para uma análise adicional. A camada concentra-se primeiro no reconhecimento de componentes de baixo nível, como alterações de cor, arestas e orientações de gradiente, para ajudar na compreensão básica da entrada visual. Com cada camada adicional, os processos convolucionais tornam-se mais complexos, apoiando a rede na identificação de propriedades cada vez mais complexas. Esta técnica hierárquica de extração de caraterísticas melhora a nossa compreensão da recolha de imagens, extraindo tanto elementos visuais simples como padrões mais complexos. Uma vez que as camadas convolucionais são a base das concepções de CNN, melhoram a compreensão da rede e as capacidades de aprendizagem a partir de dados visuais, em especial para aplicações complexas de reconhecimento de padrões.

C. Camada de partilha máxima

Uma parte crucial das CNNs é a camada de max-pooling, que é principalmente responsável pelo processo de redução da dimensionalidade, diminuindo as dimensões espaciais de imagens complicadas. Durante este processo, o pooling máximo escolhe o maior valor de cada kernel, enquanto outros métodos, como o pooling médio, calculam o valor médio. A camada aumenta a robustez e a eficácia do processo de extração de caraterísticas, atenuando eficazmente os efeitos do ruído presente nas caraterísticas de baixo nível através da amostragem eficiente dos mapas de caraterísticas. Através deste processo de agrupamento seletivo, a camada ajuda a preservar a informação pertinente e a remover dados estranhos ou irrelevantes, melhorando o desempenho do modelo e as capacidades de generalização. A camada max-pooling, que é responsável por maximizar a interpretabilidade e a eficiência computacional das concepções CNN, acaba por possibilitar trabalhos de análise de imagem mais fiáveis e eficientes.

D. Unidade de ativação

A unidade de ativação, um componente crucial das CNN, tem um grande impacto nos resultados da classificação. A unidade linear rectificada (ReLU), apesar da disponibilidade de outras funções de ativação, é uma opção popular para os projectos de CNN devido à sua eficácia e simplicidade. A função de passo binário também tem sido utilizada, tal como a ReLU, para simplificar ainda mais os cálculos efectuados durante o processo de classificação. Um limiar regula o funcionamento da função de passo binário. Quando um valor de entrada sobe ou desce abaixo de um limiar, ativa um neurónio e envia um sinal inalterado para a camada abaixo dele. Esta abordagem distingue eficazmente entre as fases de ativação e desativação sem exigir cálculos complexos, simplificando assim os cálculos. As CNNs são capazes de otimizar o desempenho de várias formas.

E. Camada totalmente ligada

A camada 2D totalmente ligada segue normalmente as camadas convolucionais nas concepções de redes neuronais. Esta camada opera sobre a imagem processada utilizando uma estrutura de matriz de colunas, permitindo o exame de todas as combinações possíveis de propriedades de alto nível recuperadas pelas camadas anteriores, nomeadamente a camada convolucional, antes de serem tomadas em consideração. A capacidade da camada completamente ligada para modificar e integrar a informação espacial em toda a imagem permite uma representação completa das caraterísticas. Esta camada integra igualmente no modelo unidades de ativação, tais como a função de passo binário ou ReLU, para lhe conferir não linearidade e aumentar a sua expressividade. A camada 2D totalmente ligada facilita a construção, ligando as caraterísticas de alto nível a estas funções de ativação. Em suma, esta camada é essencial para combinar as caraterísticas que foram recuperadas e para afinar a representação do modelo dos dados de entrada, o que acaba por resultar em melhores resultados numa variedade de tarefas de reconhecimento e classificação de imagens.

Durante o processo DCNN, os parâmetros da rede são ajustados e o desempenho é melhorado através de GSO. O GSO é uma técnica de otimização inspirada na natureza e baseada no comportamento das galáxias. O seu objetivo é melhorar a convergência e a precisão do modelo DCNN, pesquisando eficazmente o espaço de parâmetros.

O GSO é utilizado para selecionar o parâmetro de ponderação ótimo. O método fuzzy é utilizado no GSO para alterar vigorosamente as situações. O movimento das galáxias e das estrelas causado pela força da gravidade serviu de inspiração para este algoritmo GSO. O GSO é responsável pelas fases um e dois, que incluem a exploração e o aproveitamento. As partículas do subgrupo examinam o espaço vetorial durante a fase de exploração para encontrar a estratégia óptima. A solução óptima de cada subgrupo avança em direção ao ótimo global durante toda a fase de exploração. Além disso, numa escala suficientemente vasta, estas galáxias são consideradas como massas pontuais. Assim que uma massa substancial destas galáxias adquiridas é recolhida para criar o superaglomerado de galáxias. A população total de partículas numa GSO é originalmente dividida em M sub-swarms. A PSO é efectuada para cada sub-swarm. As equações fornecem a fórmula que é utilizada para atualizar a localização e a velocidade.

$$V_j(k) \leftarrow I_{w1}V(k) + C_1R_1\left[P_{bj}(k) - e_j^k\right] + C_2R_2\left[G_b(k) - e_j^k\right]$$
(4.14)

$$e_j^k \leftarrow e_j^k + V_j(k)$$
(4.15)

Aqui,$P_{bj}(k)$ é o melhor pessoal para a partículae_j^k é denotado como , $P_{bj}(k)G_b(k)$ é a estratégia óptima do sub-agrupamento global, e$V_j(k)$

representa a velocidade atual. A direção das melhores soluções globais e locais é representada pelas constantes , $X^k C_1, and\ C_2$. O peso de inércia é representado por I_{w1} , e R_1 e R_2 são encontrados utilizando as seguintes fórmulas em equações.

$$I_{w1} = 1 - {}^{m}/_{s_1} + 1$$

(4.16)

$$R_i = \text{U}(-1{,}1)$$

(4.17)

Em que R_1 e R_2 representam os números aleatórios, o número de iterações actuais é dado em m, que vai de0 a s_1 , e o peso de inércia é representado por I_{w1} . Para criar super-aglomerados, os melhores globais que são alcançados nas fases seguintes são agrupados. As equações representam o super-agrupamento Z , que é formado pela combinação dos melhores globais dos subagrupamentosX^k :

$$Z^k \in Z: k = 1{,}2{,}3, \dots, N \tag{4.18}$$

$$Z^k = G_b k \tag{4.19}$$

Um nível adicional utiliza a base PSO para calcular a localização e a direção dos fragmentos, tal como no primeiro nível. No entanto, como se pode ver nas equações

$$V(k) \leftarrow I_{w2}V(k) + C_3R_3P_b(k) - Z^k + C_4R_4(G_b - Z^k) \tag{4.20}$$

$$Z^k \leftarrow Z^k + V(k) \tag{4.21}$$

$P_b(k)$ É o nível da melhor solução pessoal; C_3 e C_4 são as constantes de aceleração; $G_b k$ é o nível da melhor solução global. A estimativa de , $I_{w2} R_3$, e R_4 é efectuada utilizando as mesmas equações que foram utilizadas para o nível 1. Como o super enxame se concentra na melhor solução global do sub enxame, a utilização pode aumentar. O super-enxame utiliza os dados gerados para aplicar a solução óptima encontrada pelos sub-enxames. No entanto, para obter melhores resultados, são necessários ajustes dinâmicos aos parâmetros C_3 e C_4 ao longo do processo de execução. Aqui, as definições são ajustadas dinamicamente utilizando a lógica difusa para melhorar o desempenho do GSO. Utilizando a lógica fuzzy, os parâmetros adaptativos C_3 e C_4 são definidos como a equação

$$C_3 = \frac{\sum_{j=1}^{R^{C_3}} \mu_j^{C_3}(C_{3j})}{\sum_{j=1}^{R^{C_3}} \mu_j^{C_3}}; C_4 = \frac{\sum_{j=1}^{R^{C_4}} \mu_j^{C_4}(C_{4j})}{\sum_{j=1}^{R^{C_4}} \mu_j^{C_4}} \tag{4.22}$$

Neste caso, o valor do resultado da regra j é representado por C_{3j} e C_{4j} , e a função de associação ligada à regra j é apresentada pelos símbolos IC_{3j} e IC_{4j} . A regra completa deste método impreciso é apresentada como R^{C_3} e R^{C_4} . A deteção e a classificação de fotografias de cenas da natureza são amplamente utilizadas em muitas disciplinas diferentes.

4.3 RESULTADOS E DISCUSSÃO

A deteção de expressões faciais envolve a utilização de algoritmos para identificar e analisar caraterísticas faciais para determinar emoções. Lê os pontos de referência faciais e interpreta-os como estados emocionais específicos, como mencionado nas Figuras 4.5 e 4.6. Na Figura 4.7, um retângulo verde destaca a face detectada utilizando o detetor de objectos em cascata, acompanhado de texto que indica a presença de uma face detectada. À direita, a Figura 4.8 representa a Cara Feliz; um retângulo amarelo contorna o rosto da pessoa, o que pode significar o reconhecimento de uma emoção, com a etiqueta "Cara Feliz" a sugerir a deteção de uma emoção feliz. Na Figura 4.9, um retângulo verde destaca o rosto detectado, com o texto que o acompanha a indicar a deteção de um rosto. No lado direito, a Figura 4.10 representa a Cara zangada, e um retângulo amarelo destaca o rosto da pessoa, indicando potencialmente o reconhecimento da emoção. A Figura 4.11 mostra a Face Detectada, e um retângulo verde delineia a face detectada, acompanhado de texto que indica a deteção de uma face. No lado direito, a Figura 4.12 mostra a Face triste, e um retângulo amarelo delineia a face do indivíduo, indicando potencialmente o reconhecimento de emoções.

Figura 4.5: Rosto detectado **Figura 4.6:** Rosto neutro

Figura 4.7: Rosto detectado **Figura4.8:** Rosto feliz

Figura 4.9: detectado **Figura 4.10:** Rosto zangado

Figura 4.11: Rosto detectado **Figura 4.12:** Rosto triste

4.3.1 Avaliação do desempenho

Precisão: calcula a percentagem de resultados genuínos, incluindo verdadeiros positivos e verdadeiros negativos, em todas as instâncias analisadas. Isto é indicado na equaçãoTP (True Positives): São os casos em que o modelo previu corretamente a classe positiva.TN (True Negatives): São os casos em que o modelo previu corretamente a classe negativa.FP (Falsos positivos): Estes são os casos em que o modelo previu incorretamente a classe positiva quando a classe real era negativa. FN (Falsos negativos): Estes são os casos em que o modelo previu incorretamente a classe negativa quando a classe real era positiva.

$$Accuracy = \frac{TP+TN}{TP+TN+FP+FN}$$

(4.23)

A Figura 4.13 mostra a precisão de um modelo de aprendizagem profunda ao longo das iterações. À medida que o número de iterações aumenta, a precisão melhora. O eixo x indica o número de iterações (variando de 0 a 100), enquanto o eixo y mostra a percentagem de precisão (85% a 94%). A linha azul com marcadores de diamante indica uma tendência consistente de aumento da precisão à medida que o modelo é iterado.

Precisão: A precisão pode ser descrita como o rácio entre os resultados favoráveis esperados com exatidão e o total de instâncias favoráveis projectadas. A precisão é obtida utilizando a seguinte equação e está representada na Figura 4.14.

$$Precision = \frac{TP}{TP+FP} \quad (4.24)$$

Recuperação: A percentagem de amostras positivas efectivas que foram previstas como positivas é medida pela recuperação. Calcule o valor da recuperação utilizando a equação apresentada na Figura 4.15.

$$Recall = \frac{TP}{TP+FN} \tag{4.25}$$

Pontuação F1: Nas tarefas de classificação, a recuperação e a precisão estão relacionadas. Embora uma grande percentagem seja ideal, a verdade é que uma precisão excelente é muitas vezes acompanhada por uma baixa recuperação, ou vice-versa. Para ajustar a recuperação e a precisão, pode ser aplicada a pontuação F1, que é a média da recuperação e da precisão. A equação mostra o significado da pontuação F1.

$$F1 - score = 2 * \frac{Precision*Recall}{Precision+Recall} \tag{4.26}$$

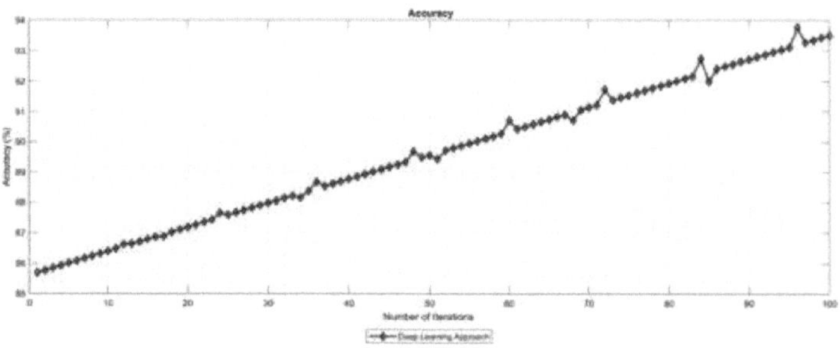

Figura 4.13: Precisão de um modelo de aprendizagem profunda ao longo de iterações

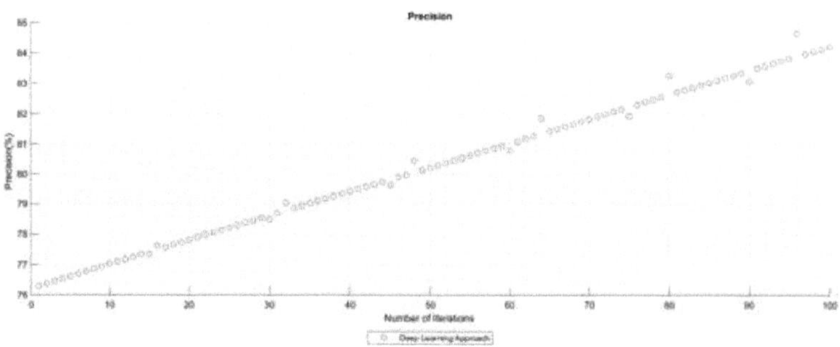

Figura 4.14: Precisão de um modelo de aprendizagem profunda ao longo de iterações

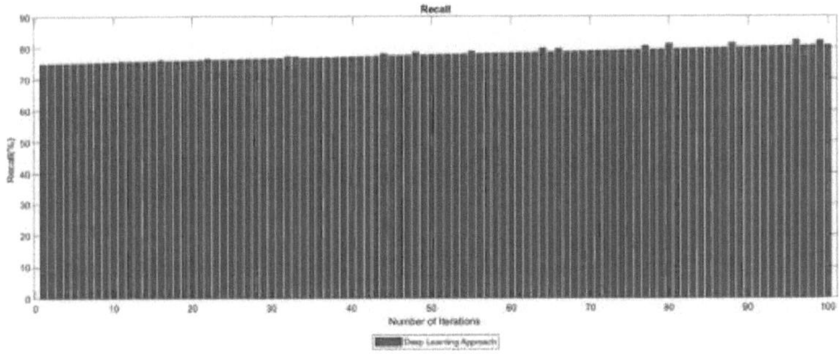

Figura 4.15: Recuperação de um modelo de aprendizagem profunda com iterações

Análise de erros: A análise de erros é um método utilizado para avaliar a exatidão das previsões de um modelo, medindo a disparidade entre os valores previstos e as observações reais. Normalmente, é calculada utilizando uma métrica de erro adequada, o erro médio absoluto (MAE), representado pela equação:

$$MAE = \frac{1}{n}\sum_{i=1}^{n}|y_i - \hat{y}_i| \qquad (4.27)$$

Ondey_i significa o valor autêntico,$\hat{y}_i$ representa o valor previsto en é a quantidade total de amostras.

Tabela 4.2: Métricas de desempenho do HOG-GSO proposto em comparação com os métodos tradicionais

Métodos	**Exatidão (%)**	**Precisão (%)**	**Recuperação (%)**	**MAE**
CNN	80	78	82	13.42
RCNN	85	83.4	78.3	12.67
DCNN-GSO proposto	94	92.3	91	3.46

A Tabela 4.2 e a Figura 4.16 descrevem os três métodos CNN, RCNN e o HOG-GSO proposto foram avaliados para a deteção de expressões faciais e estão representados na Figura 4.16. A CNN: Atingiu uma exatidão de 80%, com uma precisão de 78% e uma recordação de 82%. O erro médio absoluto (MAE) foi de 13,42. RCNN: Demonstrou maior exatidão (85%) e precisão (83,4%), mas a recuperação foi ligeiramente inferior, com 78,3%. O MAE melhorou para 12,67. O HOG-GSO proposto: Superou ambos com uma exatidão impressionante de 94%, uma precisão de 92,3% e uma recuperação de 91%. O MAE mais baixo de 3,46 indica um desempenho superior. O método HOG-GSO mostra uma promessa notável para a deteção exacta de expressões faciais, ultrapassando as abordagens existentes. A sua robustez e precisão tornam-no uma escolha atraente para aplicações no mundo real.

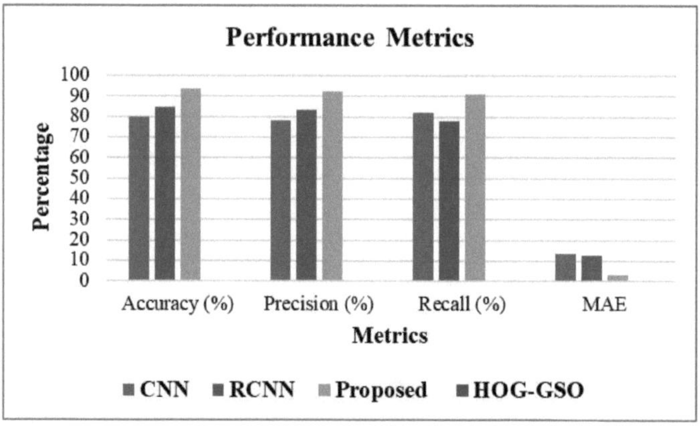

Figura 4.16: Métricas de desempenho

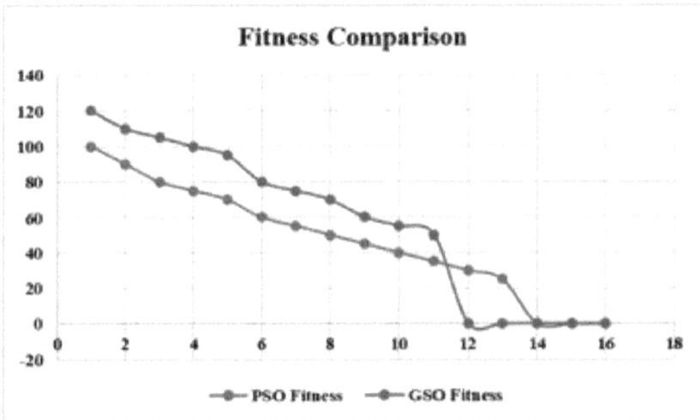

Figura 4.17: Comparação de PSO e GSO

A Figura 4.18 ilustra o desempenho de dois algoritmos, com a "Aptidão PSO" representada a azul e a "Aptidão GSO" a laranja. Inicialmente, o algoritmo PSO apresenta níveis de aptidão mais elevados, seguidos de um declínio gradual ao longo do eixo x. Em contrapartida, o algoritmo GSO começa com níveis de aptidão superiores e apresenta um declínio mais acentuado. No entanto, ambos os algoritmos convergem em torno do ponto "14", com os seus níveis de aptidão a tornarem-se aproximadamente iguais. Em geral, o algoritmo GSO supera o PSO, começando com níveis de aptidão mais elevados e apresentando uma taxa de convergência mais rápida.

Tabela 4.3: Comparação de desempenho

Método	**Conjunto de dados**	**Exatidão (%)**
[93]	KDEF	82%
[90]	Imagens térmicas	88%
[91]	DEAP	78%
[92]	Imagens térmicas	65%
Método proposto	Conjunto de dados do Kaggle Deteção de emoções com câmara Web	94%

A Tabela 4.3 apresenta uma comparação do desempenho de vários métodos de reconhecimento de expressões faciais em diferentes conjuntos de dados. O conjunto de dados KDEF produz uma precisão de 82% para a técnica, mas o modelo IRFacExNet introduzido pela utilização de imagens térmicas alcançou uma precisão de 88%. No mesmo conjunto de dados, a estratégia produz uma precisão inferior de 65%, ao passo que um método diferente utilizado no conjunto de dados DEAP atinge uma precisão de 78%. Utilizando o conjunto de dados "Emotion Detection with Webcam", a solução sugerida atinge uma taxa de precisão de 94%, superando todas as outras abordagens. Estes resultados mostram o bom desempenho da abordagem recomendada para produzir resultados superiores numa série de conjuntos de dados.

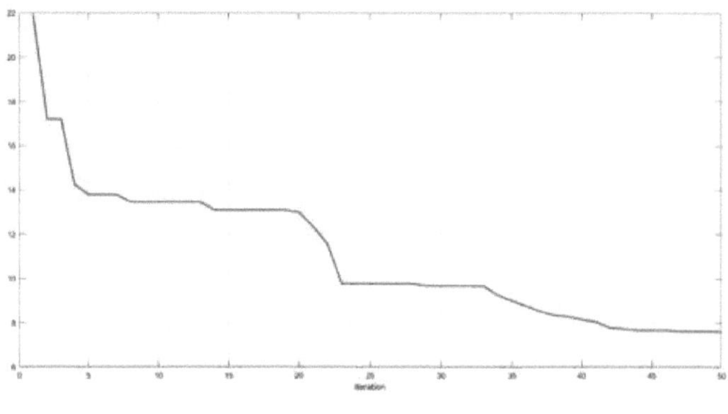

Figura 4.18: Melhor custo de GSO

O melhor custo é o valor mais baixo da função de custo (custo da melhor solução) encontrado durante o processo de otimização do GSO. O gráfico mostra uma clara tendência descendente no melhor custo à medida que as iterações progridem, o que significa que o processo de otimização está a melhorar e o custo está a diminuir ao longo do tempo. A queda significativa nas primeiras iterações é comum, uma vez que o modelo começa a aprender, seguida de uma diminuição mais gradual. O custo reflecte o desempenho de uma solução (conjunto de parâmetros) em relação à tarefa de classificação. O mínimo global é o objetivo teórico do processo de otimização, e o melhor custo converge idealmente para ele.

4.4. RESUMO

Este estudo fornece uma contribuição significativa para o campo da análise de expressão facial em contextos de Internet das Coisas, apresentando uma estrutura abrangente que integra a Otimização de Enxame Galáctico (GSO) com técnicas de aprendizado profundo. A técnica sugerida de Rede Neural Convolucional Profunda com Otimização de Enxame Galáctico (DCNN-GSO) fornece uma solução viável para aplicações de processamento de imagem em tempo real, ao mesmo tempo que aborda as limitações de recursos computacionais e energia limitados em sistemas IoT. Utilizando pontos de interesse espácio-temporal (STIP) para extração de caraterísticas e filtragem gaussiana para reduzir o ruído e melhorar a qualidade da imagem durante o pré-processamento, o método sugerido capta com sucesso as caraterísticas relevantes das emoções faciais. A combinação de DCNN e GSO optimiza os hiper-parâmetros do modelo, melhorando a resiliência e o desempenho do modelo em tarefas de classificação de expressões faciais.

A metodologia DCNN-GSO supera os métodos anteriores com 94% de exatidão, 92,3% de precisão e 91% de recordação, o que torna este trabalho significativo do ponto de vista científico. Além disso, o erro absoluto médio (MAE) impressionantemente baixo de 3,46 indica que a solução sugerida é exacta e fiável em cenários reais. Esta estrutura melhora consideravelmente o desempenho e a conetividade dos dispositivos, o que conduz a novas aplicações nos domínios da segurança, dos cuidados de saúde e da interação homem-computador. Para tal, ultrapassa os problemas dos sistemas IoT, como a complexidade computacional, o ruído e as limitações de precisão. Além disso, as técnicas de otimização híbridas podem ultrapassar os limites de recursos e aumentar a eficácia das aplicações da Internet das Coisas, como demonstrado pela integração bem sucedida do GSO com modelos de aprendizagem profunda para a identificação de expressões faciais. O sistema proposto adota uma abordagem completa para a análise de expressões faciais em contextos da Internet das Coisas, fornecendo uma solução escalável e robusta para implantação no mundo real. Em suma, este trabalho alarga o campo de investigação da análise de expressões faciais e demonstra como as técnicas de aprendizagem profunda podem ser aplicadas a situações da Internet das Coisas para melhorar a compreensão e a interação entre humanos e tecnologias.

CAPÍTULO 5

CONCLUSÕES E SUGESTÕES PARA TRABALHOS FUTUROS

5.1 CONCLUSÕES

O sistema proposto contribui substancialmente para o domínio da análise da expressão facial em contextos de IoT, apresentando uma solução abrangente, eficiente e robusta. A estrutura DCNN-GSO proposta não apenas aborda os principais desafios, como ruído, complexidade computacional e precisão, mas também demonstra a superioridade do GSO sobre o PSO e outros métodos convencionais na otimização de modelos de aprendizado profundo para aplicativos IoT. A integração de técnicas avançadas de extração de recursos, como HOG e SURF, aumenta ainda mais a robustez do modelo. Este trabalho fornece uma abordagem escalável para implantação prática em vários setores, incluindo segurança, saúde e interação humano-computador, e abre caminho para avanços futuros no reconhecimento de expressão facial baseado em IoT.

- Do ponto de vista da IoT, sugerimos a utilização da rede neural Galactic Swarm Optimization - Deep Convolution (GSO-DCNN) para a identificação de caraterísticas. O conjunto de dados de imagens foi utilizado a partir de uma fonte Labelled Faces in the Wild (LFW) aberta ao público. Antes de serem submetidas a uma diversidade de estratégias de dispensa para os Histogramas de Gradientes Orientados (HOG), que são utilizados para a segmentação de imagens, as imagens são pré-processadas utilizando a estratégia de filtro Gaussiano para remover o ruído e suavizar a imagem.
- A biometria, a interação homem-computador, a segurança e outros domínios que dependem do processamento, da visualização e do processamento de descrições dependem todos do reconhecimento facial. Através da utilização da aprendizagem profunda, os avanços

procuram aumentar a velocidade e a precisão, ao mesmo tempo que abordam questões como a terminologia pessoal, a linguagem organizacional e a iluminação.

- Para extrair caraterísticas ligadas às acções do rosto, são utilizados pontos de interesse espácio-temporais (STIP). Em seguida, utiliza-se a abordagem de seleção de caraterísticas SURF (Speeded Up Robust Features). Uma abordagem conhecida como Gray-Level Co-occurrence Matrix (GLCM) é utilizada para eliminar as caraterísticas necessárias, classificando as caraterísticas estatísticas de textura em diferentes grupos. A informação é protegida e mantida pela camada de serviço da Internet das Coisas. A estratégia recomendada experimentou métricas como a recuperação, a precisão, a taxa de erro e a exatidão.
- Com base no ponto de vista da ciência, distingue-se o facto de a estratégia DCNN-GSO atingir 94% de exatidão, 92,3% de precisão e 91% de recordação, superando as técnicas anteriores. Além disso, o erro médio absoluto (MAE) muito baixo de 3,46 recomenda que a solução sugerida é fiável e precisa em circunstâncias do mundo real. Com as grandes melhorias na eficiência e conetividade dos dispositivos que esta estrutura proporciona, são possíveis novas aplicações nos domínios da segurança, dos cuidados de saúde e da interação homem-computador. Isto é conseguido através da resolução de problemas com sistemas IoT, incluindo restrições de precisão, ruído e complexidade de computação. Além disso, como demonstrado pela combinação eficaz de GSO com algoritmos de aprendizagem profunda para a deteção de expressões faciais, as abordagens de otimização híbrida podem ultrapassar as restrições de recursos e melhorar a eficácia das aplicações IoT.
- O sistema sugerido oferece uma solução escalável e fiável para implementação prática, adoptando uma abordagem abrangente à avaliação da expressão em cenários da IdC. Em suma, este estudo faz

avançar o domínio da investigação sobre a expressão facial e mostra como os métodos de aprendizagem profunda podem ser utilizados em cenários de IoT para melhorar a compreensão e a comunicação entre os seres humanos e a tecnologia.

5.2 LIMITAÇÕES E TRABALHOS FUTUROS

Os elementos subsequentes podem ser utilizados para delinear sugestões para trabalhos futuros e limitações,

- A conceção, a formação e a aplicação do DL requerem um investimento significativo em termos de duração e de dificuldade. O método envolve vários processos que requerem conhecimentos profissionais especializados e uma atenção significativa às especificidades, incluindo a recolha de informações, a preparação, a criação do desenho matemático, o ajuste dos hiperparâmetros e a realização de sessões de instrução exaustivas. Um dos principais desafios é criar simulações pequenas e eficazes com uma precisão superior, especialmente para aplicações da Internet das Coisas com um poder de computação limitado. Atingir um equilíbrio entre eficácia e efetividade torna-se essencial em cenários de IoT, uma vez que os sensores normalmente requerem em tempo real com um atraso mínimo.
- Estes problemas podem ser resolvidos no futuro, alargando o âmbito das utilizações e melhorando a precisão dos modelos através da investigação de técnicas de DL mais complexas. A condensação, a quantificação, a destilação da informação e a IA de ponta são alguns métodos intrigantes que podem ser aplicados para criar modelos fiáveis e pequenos sem comprometer a validade. Além disso, a

eficácia e a segurança dos recursos podem ser melhoradas através da aprendizagem em rede e da aprendizagem por transferência. A investigação destas técnicas inovadoras pode aumentar significativamente a eficácia das simulações de DL, fornecendo soluções mais fiáveis e adaptáveis numa série de sectores.

REFERÊNCIAS

[1] Sardar, S. Umer, R. K. Rout, K. S.Sahoo, e A.H. Gandomi, "Enhanced Biometric Template Protection Schemes for Securing Face Recognition in IoT Environment, "*IEEE Internet of Things Journal,* 2024. Doi: 10.1109/JIOT.2024.3374229.

[2] Yaseen, "Successful Deployment of Secure Intelligent Connectivity for Lan and Wlan, "*Journal of Intelligent Connectivity and Emerging Technologies,* 7(4), pp.1-22, 2022.

[3] M. T. H. Fuad, A. A. Fime, D. Sikder, M.A. R. Iftee, J. Rabbi, M. S. Al-Rakhami, A. Gumaei, O. Sen, M. Fuad e M. N. Islam, "Avanços recentes em técnicas de aprendizagem profunda para reconhecimento facial", *IEEE Access,* 9, pp.99112-99142, 2021. Doi:10.1109/ACCESS.2021.3096-136.

[4] P. Peng, I. Portugal, P. Alencar, e D. Cowan, "A face recognition software framework based on principal component analysis," *Plos one,* 16(7), p.e0254965, 2021. Doi: 10.1371/journal.pone.0254965.

[5] Ammour, L. Boubchir, T. Bouden, e M. Ramdani, "Face-iris multimodal biometric identification system, "*Electronics,* 9(1), p.85, 2020. Doi: 2079-9292/9/1/85#.

[6] A. J. Majumder e J. A Izaguirre, "Um sistema de segurança IoT inteligente para casas inteligentes usando deteção de movimento e reconhecimento facial", *em 2020 IEEE 44th Annual Computers, Software, and Applications Conference (COMPSAC),* 2020, pp. 1065-1071. Doi: 10.1109/COMPSAC48688.2020.0-132.

[7] S. G. Tetteh, "A Systematic Performance Review of Security Methods for the Cyber world, "*Asian Journal of Research in*

Computer Science, 17(5), pp.10-18, 2024. Doi: 10.9734/AJRCOS/2024/v17i5434.

[8] Palma, e P. L. Montessoro, "Biometric-based human recognition systems: an overview, "*Recent Advances in Biometrics,* 27, pp.1-21, 2022. Doi: 10.5772/intechopen.101686.

[9] K. Nguyen, C. Fookes, S. Sridharan, M. Tistarelli e M. Nixon, "Super-resolução para biometria: Uma pesquisa abrangente, "*Pattern Recognition,* 78, pp.23-42, 2018. Doi: 10.1016/j.patcog.2018.01.002.

[10] H. Cai, S. Zhang, C. Wang, e Y. Xiong, "Tinaface: Linha de base forte mas simples para a deteção de rostos," *arXiv preprint arXiv:*2011.13183, 2020. Doi: 10.48550/arXiv.2011.13183.

[11] M. Wang, e W. Deng, "Deep face recognition: A survey,"*Neurocomputing,*429,pp.215-244,2021. Doi:10.1016/j.neucom.202-0.10.-081.

[12] R. Alrawili, A.A.S. AlQahtani, e M.K. Khan, "Comprehensive survey: Biometric user authentication application, evaluation, and discussion". Computadores e Engenharia Eléctrica 119 (2024): 109485. Doi: https://doi.org/10.1016/j.compeleceng.2024.109485

[13] W. Khan, A. Daud, K. Khan, S. Muhammad e R. Haq, "Exploring the frontiers of deep learning and natural language processing: A comprehensive overview of key challenges and emerging trends, "*Natural Language Processing Journal,* 2023. Doi: 10.1016/j.nlp.2023.100026.

[14] A. Mohammed, "An Exploratory Study into The Face Detection and Recognition System to Strengthen Security Precautions Using an Artificial Intelligence System," 2013.

[15] R. Redondo, e J. Gibert, "Extended labeled faces in-the-wild (elfw): Augmenting classes for face segmentation," *arXiv preprint* arXiv:2006.13980, 2020. Doi: 10.48550/arXiv.2006.13980.

[16] M. S. Faridi, M. A. Zia, Z. Javed, I. Mumtaz e S. Ali, "A comparative analysis using different machine learning: Uma abordagem eficiente para medir a precisão do reconhecimento facial", International Journal of Machine Learning and Computing, 11(2), pp.115-120, 2021.Doi: 10.18178/ijmlc.2021.11.2.1023.

[17] E. Winarno,I.H. Al Amin, , H.Februariyanti, P.W. Adi, W. Hadikurniawati, e M.T. Anwar, dezembro, "Sistema de atendimento baseado no sistema de reconhecimento facial utilizando o método CNN-PCA e câmara em tempo real", In 2019 International Seminar on Research of Information Technology and Intelligent Systems (ISRITI) (pp.301-304).IEEE,2019. https://doi.org/10.1109/ISRITI48646.2019.9034596

[18] Z. Zhu, G. Huang, J. Deng, Y. Ye, J. Huang, X. Chen, J. Zhu, T. Yang, D. Du, J. Lu e J. Zhou, "Webface260M: A benchmark for million-scale deep face recognition", *IEEE Transactions on Pattern Analysis and Machine Intelligence,* 45(2), pp.2627-2644, 2022. Doi: 10.1109/TPAMI.2022.3- 169734.

[19] A. Greco, G. Percannella, M. Vento e V. Vigilante, "Benchmarking deep network architectures for ethnicity recognition using a new large face dataset", *Machine Vision and Applications,* 31, pp.1-13, 2020. Doi: 10.1007/s00138-020-01123-z.

[20] Savran, e C. Bartolozzi, "Face pose alignment with event cameras, "*2020*, p.7079, 2020. Doi: 10.3390/s20247079.

[21] Kollias, V. Sharmanska, e S. Zafeiriou, "Distribution matching for heterogeneous multi-task learning: a large-scale face study, "*arXiv preprint,* 2021. Doi: 10.48550/arXiv.2105.03790.

[22] S. Gupta, A. K. Jain e A. A. Ross, "Handbook of Biometrics," in *Handbook of Biometrics*, Springer, 2010, pp. 61-82. doi: 10.1007/978-0-387-71041-9_4.

[23] P. Namazli, "Face Spoof Detection Using Convolutional Neural Networks (dissertação de mestrado)", 2023.

[24] Ming, Z., Visani, M., Luqman, M. M., e Burie, J.-C., "A survey on anti-spoofing methods for facial recognition with RGB cameras of generic consumer devices", *Laboratório L3i, Universidade de La Rochelle*, 2020. Doi: 10.3390/s20185123.

[25] Lopez-Lopez, C. V. Regueiro, X. M. Pardo, A. Franco, e A. Lumini, "Towards a self-sufficient face verification system, "*Expert Systems with Applications,* 174, p.114734, 2021. Doi: 10.1016/j.eswa.2021.-114734.

[26] P. Payal, e M.M. Goyani, "Um estudo abrangente sobre reconhecimento facial: métodos e desafios, "*The Imaging Science Journal,* 68(2), pp.114-127, 2020. Doi: 10.1080/13682199.2020.1738741

[27] Y. Kortli, M. Jridi, A. Al Falou, e M. Atri, "Face recognition systems: A survey, "*Sensors,* 20(2), p.342, 2020. Doi: 10.3390/s20020342.

[28] M.O. Oloyede, G. P. Hancke, e H.C., Myburgh, "A review on face recognition systems: recent approaches and challenges, "*Multimedia Tools and Applications,* 79(37), pp.27891-27922, 2020. Doi: 10.1007-/s11042-020-09261-2. Aplicações

[29] S. H. Oh, G. W. Kim e K. S. Lim, "Reconhecimento facial compacto baseado em recursos aprendidos profundamente para a Internet Visual das Coisas", *The Journal of Supercomputing*, vol. 74, pp. 6729-6741, 2018. Doi: 10.1007/s11227-017-2198-0.

[30] S. Manna, S. Ghildiyal e K. Bhimani, "Reconhecimento facial a partir de vídeo utilizando aprendizagem profunda", *Conferência Internacional do IEEE sobre Sistemas de Comunicação e Eletrónica (ICCES),* 2020, pp. 1101-1106. Doi: 10.1109/ICCES48766.2020.9137927

[31] S. Sharma, M. Bhatt e P. Sharma, "Sistema de reconhecimento facial utilizando algoritmo de aprendizagem automática", *IEEE 5th International Conference on Communication and Electronics Systems (ICCES)*,2020, pp. 1162-1168. Doi: 10.1109/ICCES48766.2020.9137850.

[32] Sajjad, M. Nasir, K. Muhammad, S. Khan, Z. Jan, A. K. Sangaiah, M. Elhoseny e S. W. Baik, "Raspberry Pi assisted face recognition framework for enhanced law-enforcement services in smart cities", *Future Generation Computer Systems,* vol. 108, pp. 995-1007, 2020. Doi: 10.1016/j.future.2017.11.013.

[33] Z. Zhu e Y. Cheng, "Aplicação do algoritmo de rastreio de atitude para reconhecimento facial baseado no OpenCV na fechadura inteligente da porta", *Computer Communications*, vol. 154, pp. 390-397, 2020. Doi: 10.1016/j.comcom.2020.02.003.

[34] Waseem, S. A. Khowaja, R. K. Ayyasamy e F. Bashir, "Reconhecimento facial para sistema de fechadura de porta inteligente usando rede hierárquica", *na Conferência Internacional IEEE sobre Inteligência Computacional (ICCI),* 2020, pp. 51-56. Doi: 10.1109/ICCI51257.2020.9247836.

[35] B. Jin, L. Cruz, e N. Gonçalves. "Diagnóstico facial profundo: aprendizagem de transferência profunda do reconhecimento facial para o diagnóstico facial", IEEE Access, 8, pp.123649-123661, 2020. DOI: https://doi.org/10.1109/ACCESS.2020.3005687

[36] S.A. Hussain e A.S.A. Al Balushi, "Classificação e reconhecimento de emoções faciais em tempo real utilizando um modelo de aprendizagem profunda", In Journal of physics: Série de conferências (Vol. 1432, No. 1, p. 012087), 2020. Publicação IOP. DOI: https://doi.org/10.1088/1742-6596/1432/1/012087

[37] Masud, G. Muhammad, H. Alhumyani, S.S. Alshamrani, O. Cheikhrouhou, S. Ibrahim e M.S. Hossain. "Reconhecimento facial

inteligente baseado em aprendizado profundo no ambiente de nuvem IoT", Computer Communications, 152,pp.215-222,2020.DOI: https://doi.org/10.1016/j.comcom.2020.01.050

[38] Alay, and H.H. Al-Baity. "Deep learning approach for multimodal biometric recognition system based on fusion of iris, face, and finger vein traits," *Sensors, 20*(19),p.5523,2020.DOI: https://doi.org/10.3390/s20195523

[39] Vallathan, A. John, C. Thirumalai, S. Mohan, G. Srivastava e J. C. W. Lin, "Deteção de atividade suspeita usando aprendizado profundo em ambientes IoT de vida assistida segura", *The Journal of Super computing,* vol. 77, pp. 3242-3260, 2021. Doi: 10.1007/s11227-020-03387-8.

[40] C. W. Wang e C. C. Peng, "3D face point cloud reconstruction and recognition using depth sensor", *Sensors,* vol. 21, n.º 8, p. 2587, 2021. Doi: 10.3390/s21082587.

[41] E.M. Onyema, P.K. Shukla, S. Dalal, M.N. Mathur, M. Zakariah, e B. Tiwari. "Melhoria do reconhecimento facial do paciente através do algoritmo de aprendizagem profunda: ConvNet," Journal of Healthcare Engineering, 2021(1),p.5196000,2021.DOI: https://doi.org/10.1155/2021/5196000

[42] J. Toldinas, A. Venčkauskas, A. Liutkevičius e N. Morkevičius, "Fluxo de rede de enquadramento para deteção de anomalias usando reconhecimento de imagem e aprendizagem federada", *Electronics,* vol. 11, no. 19, p. 3138, 2022. Doi: 10.3390/electronics11193138.

[43] J. Al-Nabulsi, N. Turab, H. A. Owida, B. Al-Naami, R. De Fazio e P. Visconti, "Soluções IoT e estruturas baseadas em IA para reconhecimento facial e de rosto mascarado para combater a pandemia de COVID-19", *Sensors,* vol. 23, n.º 16, p. 7193, 2023. Doi: 1424-8220/23/16/7193#.

[44] V. Gaikwad, D. Rathi, V. Rahangdale, R. Pandita, K. Rahate e R.S. Rajpurohit. "Design and Implementation of IOT Based Face

Detection and Recognition," Computing & Intelligent Systems, pp.923-933, 2024. DOI: https://doi.org/10.56155/978-81-955020-2-8-78

[45] Y. Fang, e Y. Zhang. "Abordagem de reconhecimento facial para a Internet das Coisas inteligente no sistema de segurança doméstica", Journal of optics, 53(2), pp.1203-1209, 2024. DOI: https://doi.org/10.1007/s12596-023-01242-6

[46] M. Rostami, A. Farajollahi, e H.Parvin. "Deteção e reconhecimento facial baseado em aprendizado profundo em drones", Journal of Ambient Intelligence and Humanized Computing, 15 (1), pp.373-387, 2024. DOI: https://doi.org/10.1007/s12652-022-03897-8

[47] R. Karani, J. Jani, e S. Desai. "FER-BHARAT: uma rede de aprendizagem profunda leve para o reconhecimento eficiente de emoções faciais unimodais no contexto indiano", Discover Artificial Intelligence, 4(1), pp.1-17, 2024. DOI: https://doi.org/10.1007/s44163-024-00131-6

[48] Ni, H., Face recognition based on deep learning under the background of bigdata.Informatica,44(4),2020, https://doi.org/10.31449/inf.v44i4.3390.

[49] Wang e L. Guo, "Pesquisa sobre reconhecimento facial com base em aprendizado profundo", em 2021, 3ª Conferência Internacional sobre Inteligência Artificial e Fabricação Avançada (AIAM) (pp. 540-546), 2021. DOI: https://doi.org/10.1109/AIAM54119.2021.00113

[50] T.Gaber, M. Nicho, E. Ahmed, e A.Hamed, "Reconhecimento facial térmico robusto para aplicação da lei utilizando caraterísticas profundas optimizadas com um novo optimizador baseado em conjuntos aproximados, "*Journal of Information Security and Applications,*85,p.103838,2024.
Doi:https://doi.org/10.1016/j.jisa.2024.103838

[51] N.K.Mishra, M. Dutta, e S.K.Singh, "Arquitetura CNN profunda paralela multiescala (mpdCNN) para o reconhecimento facial real de baixa resolução para vigilância, "*Image and Vision Computing,* 115, p.104290, 2021. Doi: https://doi.org/10.1016/j.imavis.2021.104290

[52] M.Andrejevic, e N.Selwyn, "Facial recognition technology in schools: Critical questions and concerns, "*Learning, Media and Technology,* 45(2), pp.115-128,2020.Doi: https://doi.org/10.1080/17439884.2020.1686014

[53] S.Ahmed, M.Frikha, T.D.H. Hussein e J.Rahebi, "Seleção óptima de caraterísticas com otimização de enxame de partículas para o sistema de reconhecimento facial utilizando a transformada wavelet de Gabor e aprendizagem profunda, "*BioMed Research International,*2021.Doi: https://doi.org/10.1155%2F2021%2F6621540

[54] A.Koubaa, A. Ammar, A.Kanhouch e Y.AlHabashi, "Estratégias de implementação na nuvem versus na periferia da *inferência* de reconhecimento facial em tempo real*", "IEEE Transactions on Network Science and Engineering,* 9(1), pp.143-160, 2021.Doi: 10.1109/TNSE.2021.3055835, IEEE

[55] B. Lampe, e W. Meng, "A survey of deep learning-based intrusion detection in automotive applications", *Expert Systems with Applications, 221*,p.119771,2023. https://doi.org/10.1016/j.eswa.2023.119771

[56] Goodfellow, I., Bengio, Y., & Courville, A. (2016). "Aprendizagem profunda

[57] P. Lu, B. Song, e L. Xu, "Human face recognition based on convolutional neural network and augmented dataset, "*Systems Science & Control Engineering,*9(sup2),pp.29-37,2021.Doi: https://doi.org/10.1080/21642583.2020.1836526

[58] M. Abdullah, M. Ahmad e D.Han, "Reconhecimento de expressões faciais em vídeos: An CNN-LSTM based model for video classification," In *2020 International conference on electronics, information, and communication (ICEIC)* (pp.1-3),2020.IEEE.Doi: https://doi.org/10.1109/ICEIC49074.2020.9051332

[59] P.Grohs, F. Hornung, A. Jentzen, e P.Von Wurstemberger, "A proof that artificial neural networks overcome the curse of dimensionality in the numerical approximation of Black-Scholes partial differential equations," 284(1410),. Sociedade Americana de Matemática, 2023.

[60] N. Tiwari, S. Kumari, S. Sharmar e R. Awasthi, "Óculos inteligentes de reconhecimento facial para pessoas com deficiência visual", International Journal of Research and Development in Applied Science & Engineering (IJRDASE), 2021.

[61] Lynch, "Faceoff: Law enforcement use of face recognition technology", *Materials Science and Engineering*, , 2019. Doi: 10.2139/ssrn.3909038.

[62] F. Bång, "Intraday price prediction of Nordic stocks with limit order book data", 2020

[63] M.Alverson, S.G. Baird, R. Murdock, J. Johnson, e T.D.Sparks, "Generative adversarial networks and diffusion models in material discovery", *Digital Discovery,* 3(1), pp.62-80, 2024.

[64] S. Afra, e R. Alhajj, "Early warning system: Do reconhecimento facial por câmaras de vigilância à análise de redes sociais para detetar pessoas suspeitas", *Physica A: Statistical Mechanics and its Applications,* 540, p.123151, 2020. Doi: 10.1016/j.physa.2019.123151.

[65] P.S.Prasad, R. Pathak, V.K. Gunjan e H.V.Ramana Rao, "Deep learningbased representation for face recognition", In ICCCE 2019:

Proceedings of the 2nd International Conference on Communications and Cyber Physical Engineering, 2020, pp. 419-424. Springer Singapura. Doi: https://doi.org/10.1007/978-981-13-8715-9_50

[66] V.H. Phung e E.J. Rhee, "Um conjunto médio de modelos de alta precisão de redes neurais convolucionais para a classificação de manchas de imagens de nuvens em pequenos conjuntos de dados", *Applied Sciences*, *9*(21), p.4500, 2019.

[67] S.S.Basha, S.R. Dubey, V.Pulabaigari, e S.Mukherjee, "Impact of fully connected layers on performance of convolutional neural networks for image classification, "*Neurocomputing,* 378, pp.112-119, 2020.

[68] Deng, L., & Yu, D. Aprendizagem profunda: Métodos e Aplicações. *Fundamentos e Tendências em Processamento de Sinais*, 7(3-4), 197-387,2014.

[69] S.R.Dubey, e S.Chakraborty, "Average biased ReLU based CNN descriptor for improved face retrieval, "*Multimedia Tools and Applications,*80(15),pp.23181-23206,2021. Doi: https://doi.org/10.1007/s11042-020-10269-x

[70] A.A. Pise, M.A. Alqahtani, P. Verma, D.A. Karras, e A. Halifa, "Methods for facial expression recognition with applications in challenging situations", Computational intelligence and neuroscience, p.9261438, 2022. DOI: 10.1155/2022/9261438,2022.

[71] F. Tang, X. Wu, Z. Zhu, Z. Wan, Y. Chang, Z. Du e L. Gu "Um método de reconhecimento facial de ponta a ponta com aprendizagem por alinhamento", *Optik*, *205*, p.164238, 2020. DOI: https://doi.org/10.1016/j.ijleo.2020.164238

[72] M.Iliyas Ahmad, Y. Yusof, M.S. Mustapa, M.E.Daud, K. Latif, A.Z.A. Kadir, Y. Saif, A. Adam, e N.Hatem, "Uma nova integração entre a

monitorização baseada na IoT orientada para os serviços com uma arquitetura aberta da monitorização do sistema CNC," *The International Journal of Advanced Manufacturing Technology,* 131(11), pp.5625-5636, 2024.

[73] Rani, D., & Gill, N. S. (2019). Revisão de vários padrões de IoT e protocolos de comunicação. *Revista Internacional de Investigação em Engenharia e Tecnologia*, 12(5), 647-657.

[74] Q. Cao, L. Shen, W. Xie, O. M. Parkhi e A. Zisserman, "Vggface2: A dataset for recognizing faces across pose and age", *In 2018 13th IEEE international conference on automatic face & gesture recognition (FG 2018),* 2018, pp. 67-74. Doi: 10.1109/FG.2018.00020.

[75] Kanawade, J. Surve, S. R. Khonde, S. P. Khedkar, J.R. Pansare, B. Patil, S. Pisal, e A. Deshpande, "Automated Human Recognition in Surveillance Systems: An Ensemble Learning Approach for Enhanced Face Recognition," *Ingénierie des Systèmesd'Information,* 28(4), 2023. Doi: 10.18280/isi.280409

[76] Phillips, P. J., Moon, H., Rizvi, S. A., & Rauss, P. J. The FERET evaluation methodology for face-recognition algorithms. *IEEE Transactions on Pattern Analysis and Machine Intelligence*, 22(10), 1090-1104, 2000 DOI: 10.1109/34.879790.

[77] Guo, Y., Zhang, L., Hu, Y., He, X., & Gao, J. (2016). MS-Celeb-1M: um conjunto de dados e referência para reconhecimento facial em grande escala. *Na Conferência Europeia sobre Visão Computacional (ECCV) 2016* (pp. 87-102). DOI: 10.1007/978-3-319-46487-9_6.

[78] Deteção de emoções com Webcam". Acedido: 17 de fevereiro de 2024.[Online]. Disponível DOI: 10.22266/ijies2024.0630.35

[79] M. Singh, S. Bharti, H. Kaur, V. Arora, M. Saini, M. Kaur e J. Singh, "Um quadro abrangente baseado na expressão facial e vocal para a monitorização em tempo real do stress dos estudantes num

ambiente IoT-Fog-Cloud". IEEE Access, 10, pp.63177-63188, 2022. Doi: 10.1109/ACCESS.2022.3183077

[80] D. Salama AbdELminaam, A. M. Almansori, M. Taha e E. Badr, "Um sistema de reconhecimento facial profundo utilizando algoritmos computacionais inteligentes", *Plos one,* 15(12), p.e0242269, 2020. Doi: 10.1371/journal. pone.0242269.

[81] G F. Plichoski, C. Chidambaram e R. S. Parpinelli, "A face recognition framework based on a pool of techniques and differential evolution", Information Sciences, vol. 543,pp. 219-241, 2021.

[82] Kavita, & Chhillar, R. S. Face recognition challenges and solutions using machine learning. *Revista Internacional de Sistemas Inteligentes e Aplicações em Engenharia,* 10(3), 471-476, 2022

[83] K. Chen, S. Chen, S. Zhang e H. Zhao, "Automatic modulation recognition of radar signals based on histogram of oriented gradient via improved principal component analysis", Signal, Image and Video Processing, vol. 17, no. 6, pp. 3053-3061, 2023.

[84] T. Zhang, R. Zhao e Z. Chen, "Aplicação do algoritmo de registo de imagens de migração baseado em SURF melhorado em mosaicos de imagens de deteção remota", IEEE Access, vol. 8, 2020.

[85] R. Lionnie, C. Apriono e D. Gunawan, "Reconhecimento de máscara facial com conjunto de dados de máscara facial de tecido realista: uma combinação usando curvatura de superfície e glcm", em Proceedings of the 2021 IEEE International IOT, Electronics and Mechatronics Conference (IEMTRONICS), pp. 1-6, Toronto, Canadá, abril de 2021.

[86] V. Muthiah-Nakarajan e M. M. Noel, "Galactic swarm optimization: uma nova metaheurística de otimização global inspirada no

movimento galáctico", Applied Soft Computing, vol. 38,pp. 771-787, 2016.

[87] W. Li, J. Li e J. Zhou, "Método de rebarbação da tecnologia de IA de reconhecimento facial baseado em aprendizagem profunda", *Advances in Multimedia*, vol. 2022, Artigo ID 9146711, 9 páginas, 2022.

[88] I. Laptev, "On space-time interest points", Int. J. Comput. Vis., Vol. 64, pp. 107-123, 2005.

[89] B. Sugiarto et al., "Wood identification based on histogram of oriented gradient (HOG) feature and support vetor machine (SVM) classifier", In: Proc. de 2017 2nd International conferences on Information Technology, Information Systems and Electrical Engineering (ICITISEE), IEEE, pp. 337-341, 2017.

[90] A. Bhattacharyya, S. Chatterjee, S. Sen, A. Sinitca, D. Kaplun e R. Sarkar, "Um modelo de aprendizagem profunda para classificar expressões faciais humanas a partir de imagens térmicas de infravermelhos", Sci. Rep., Vol. 11, n.º 1, p. 20696, outubro de 2021, doi: 10.1038/s41598-021-99998-z.

[91] A. R. Aguiñaga, D. E. Hernandez, A. Quezada, e A. Calvillo Téllez, "Emotion Recognition by Correlating Facial Expressions and EEG Analysis", Appl. Sci., Vol. 11, No. 15, p. 6987, Jul. 2021, doi: 10.3390/app11156987.

[92] M. Kopaczka, L. Breuer, J. Schock e D. Merhof, "Um sistema modular para deteção, rastreio e análise de rostos humanos em gravações de infravermelhos térmicos", Sensors, Vol. 19, n.º 19, p. 4135, set. 2019, doi: 10.3390/s19194135.

[93] S. Hossain, S. Umer, V. Asari e R. K. Rout, "A Unified Framework of Deep Learning-Based Facial Expression Recognition System for Diversified Applications", Appl. Sci., Vol. 11, No. 19, p. 9174, 2021, doi: 10.3390/app11199174.

LISTA DE PUBLICAÇÕES

Esta Dissertação tem os seguintes artigos aceites ou publicados:

1. "Uma nova técnica de reconhecimento facial baseada no algoritmo de aprendizagem profunda GSO-CNN", Journal of Electrical and Computer Engineering (publicado), p.3443028, 2024(1). (Scopus (Q2) e índice WoS)
2. "Facial Expression Recognition Based on GSO Enhanced Deep Learning in IOT Environment", International Journal of Intelligent Engineering & Systems, (Published) 17(3) no. 3,2024. (Índice Scopus (Q2))
3. "Deep Learning Approach for Face Recognition Applied in IoT Environment-Comprehensive Review", em 2024 Seventh International Women in Data Science Conference at Prince Sultan University (WiDS PSU) (pp. 191-197). IEEE, 2024. (Publicado) (Índice Scopus (Q4)
4. Uma extração de caraterísticas eficiente e robusta para o sistema de reconhecimento facial, Iraq Journal of Information and Communication Technology (Aceite) 14 de maio de 2024

المستخلص

تعد التعبيرات الوجهية ذات أهمية بالغة في التواصل البشري، ولتحليلها دور كبير في العديد من التطبيقات مثل الرعاية الصحية والأمن والتفاعل بين الإنسان والحاسوب. التحدي الرئيسي الذي يتناوله هذا العمل هو الانخفاض الكبير في دقة وكفاءة أساليب التعرف على التعبيرات الوجهية الحالية عند الانتقال من البيئات المضبوطة إلى البيئات غير المضبوطة. حيث تواجه الأساليب التقليدية، التي تعمل بشكل جيد في الظروف المضبوطة، صعوبات في البيئات غير المضبوطة بسبب زيادة الضوضاء وتغير الإضاءة والعوامل البيئية الأخرى.

تقدم هذه الأطروحة نهجاً جديداً للتعرف على التعبيرات الوجهية ضمن بيئات إنترنت الأشياء, معتمدة على تقنيات التعلم العميق لتحسين فهم البيانات وكفاءة التطبيق. علاوة على ذلك، غالبًا ما تعاني هذه الأساليب من دقة منخفضة وتعقيد حسابي عالٍ، مما يحد من قابليتها للتطبيق في مهام معالجة الصور في الوقت الفعلي. للتغلب على هذه التحديات، يقدم الإطار المقترح شبكة عصبية تلافيفية عميقة مُحسّنة باستخدام خوارزمية تحسين السرب المجري (DCNN- GSO)لتحليل التعبيرات الوجهية. تبدأ المنهجية بمرحلة ما قبل المعالجة باستخدام الترشيح الغاوسي لتقليل الضوضاء وتحسين جودة الصورة. يتم استخراج الميزات باستخدام نقاط الاهتمام الزمنية المكانية (STIP)وقياس التدرجات الموجهة HOG))، وميزات التسريع القوية (SURF)لالتقاط الإشارات المكانية والزمنية للتعبيرات الوجهية بشكل شامل. تم تصميم نموذج ،DCNNالمحسن باستخدام ،GSOلتعزيز دقة وقوة تصنيف التعبيرات الوجهية، مع معالجة قيود الحساب والطاقة المتأصلة في أنظمة إنترنت الأشياء. النظام المقترح مصمم لتصنيف متعدد للفئات للتعرف على العواطف في الوجوه، ويشمل ثماني فئات: سعادة، حزن، خوف، غضب، اندهاش، اشمئزاز، عادي، ومحايد

تم إجراء تحليل مقارن بين الطريقة المقترحة المحسنة باستخدام GSOوالتقنيات الأخرى الموجودة، بما في ذلك خوارزمية تحسين سرب الجسيمات PSO))، والشبكات العصبية التلافيفية التقليدية CNN))، والأساليب الهجينة مثل مصنف الانحدار اللوجستي-كت بوست-الشبكة العصبية التلافيفية (LR-CBC-CNN)والوجه+آلة دعم المتجهات رهظت .(Face+SVM)النتائج أن طريقة DCNN-GSOتتفوق بشكل كبير على هذه الطرق. فعلى الرغم من أن الأساليب المستندة إلى PSO وطرق CNNتظهر دقة معقولة، إلا أن طريقة DCNN-GSOتحقق أداءً متفوقًا بدقة تبلغ 94%، ودقة 92.3%، واستدعاء 91%، وخطأ مطلق متوسط منخفض بشكل ملحوظ يبلغ 3.46. في المقابل، تحقق طرق LR-CBC-CNNو Face+SVMدقة متوسطة تبلغ 79.7% و82.8% على التوالي، مما يبرز التحسن الكبير الذي يقدمه النهج المقت

MIX
Papier aus verantwortungsvollen Quellen
Paper from responsible sources
FSC® C105338

Printed by Books on Demand GmbH, Norderstedt / Germany